Pater Pio

Pasquale Cataneo

Pater Pio
Freund Gottes
Wohltäter der Menschen

PARVIS-VERLAG
CH-1648 HAUTEVILLE/SCHWEIZ

Italienischer Originaltitel:
I fioretti di Padre Pio, Roma 1989, Edizioni Dehoniane
Deutsche Übersetzung: Leonhard Wallisch

© April 1991
3. Auflage, August 1999

PARVIS VERLAG
CH-1648 HAUTEVILLE/Schweiz

Vorwort

Ich hatte das Glück, Pater Pio persönlich zu kennen. Meine erste Begegnung mit ihm fand am 17. Juni 1940 statt. Ich war in San Giovanni Rotondo — damals noch ziemlich verschieden von dem heutigen Städtchen — aus Bologna kommend eingetroffen, wo ich am Vortage zum Priester geweiht worden war. Ich wollte, noch bevor ich mich in meinen Geburtsort begab, der auch am Gargano gelegen war, Pater Pio einen Besuch abstatten um ihm einige meiner geistigen Probleme vorzulegen, seine Meinung dazu zu hören und seine Ratschläge zu empfangen, damit mein Priestertum von allem Anfang an gut gegründet sei.

Pater Pio empfing mich in seiner Zelle und sagte mir, daß er an diesem Tag auf Grund heftiger Kopfschmerzen nicht in die Kirche hinunter kommen konnte. Er küßte sogleich meine Hände des Neupriesters und stellte sich mir zur Verfügung, so lange ich nur wollte. Schließlich teilte er mir seine Gedanken mit und gab mir seine Ratschläge.

Um die Wahrheit zu sagen, mein Eindruck war, als ich aus seiner Zelle fortging, daß er mir nicht mehr gesagt hatte, als jeder andere Priester mir hätte sagen können. Auch ich war damals in der Illusion befangen, daß er für jegliches Problem, das man ihm vorlegte, irgend eine wunderbare Lösung hätte. Ich mußte erst im Lauf der Zeit lernen, daß Pater Pio auf außerordentliche Weise nur dann eingriff, wenn der Herr ihn in diese Richtung bewegte. Tatsächlich konnte ich, obwohl ich ihn in der ganzen

Zeitspanne zwischen 1940 und 1968, dem Jahr seines Todes, immer wieder besuchte, nur in einigen Fällen jenes außergewöhnliche Eingreifen erleben. Einiges wurde mir von Personen übermittelt, die ihm sehr nahe standen, und anderes wiederum gelangte mir durch die zahlreichen Biographien zur Kenntnis, die über ihn geschrieben wurden. So entstand in mir das Bild einer Persönlichkeit von reichen Facetten, die jedoch harmonisch über eine ehrliche Menschlichkeit und tiefe Spiritualität ausgegossen waren, und sich in spontaner Genialität und in einer Mannigfaltigkeit von Episoden äußerten. Jetzt, zwanzig Jahre nach seinem Tod, ist die Figur des Pater Pio nicht nur nicht schwächer geworden, sondern nimmt immer mehr die Dimensionen und Aspekte eines Glaubensriesen an. Er sagte eines Tages prophetisch zu einem Bruder, der ihn hinwies auf den gewaltigen Zusammenstrom von Menschen, den seine Person verursachte, und auf den großen Arbeitsaufwand für seine priesterlichen Mitbrüder, dessen Ursache er sei: «Jetzt? Du wirst sehen, wie das erst später ist!» Und fügte bei einer anderen Gelegenheit noch dazu: «Laßt nur den Schatten einer Zypresse darauf fallen und ihr werdet sehen wie alles erst zum Vorschein kommt!» (Zypressen sind die Friedhofsbäume, Anm.d.Ü.) Vor unseren Augen tritt die Wahrheit dieser Worte ans Licht.

Ich wollte meinen bescheidenen Beitrag zur besseren Kenntnis der Figur des Pater Pio leisten und den Gehalt dieser seiner Fioretti unserer Betrachtung unterbreiten, weil ich glaube, daß dieser Beitrag — in den Formen unserer Zeit angenommen — zur Errichtung jenes Reiches Gottes dienen kann, dessen die Welt so sehr bedarf.

Napoli, 29. März 1988
Pasquale Cataneo

1.

Eine bedeutsame Vision

Um die Grundrichtung der Lebensgeschichte des Pater Pio zu verstehen, ist es sehr nützlich, sich gleich zu Beginn die überaus bedeutungsvolle Vision vor Augen zu halten, die er gegen Ende des Jahres 1902 hatte und in späteren Jahren dann mit seinem Taufnamen in der dritten Person für seinen Beichtvater mit folgenden Worten beschrieb: «Francesco sah an seiner Seite einen majestätischen Mann von ungewöhnlicher Schönheit, strahlend wie die Sonne, welcher ihm, nachdem er ihn an der Hand genommen hatte, mit genau dieser Einladung Mut machte: Komm mit mir, denn es ziemt sich für dich, als tapferer Krieger zu streiten. Er wurde auf ein riesiges weites Feld geführt, unter eine Vielzahl von Männern, die in zwei Gruppen geteilt waren: Auf der einen Seite Männer von wunderschönem Antlitz, in weiße Gewänder gekleidet, strahlend weiß wie Schnee; auf der anderen Seite Männer von furchtbarem Aussehen, ganz in schwarze Kleider gehüllt, wie in finstere Schatten.

Der Jüngling, in die Mitte zwischen die beiden Flügel der Zuschauer gestellt, sah einen Mann auf sich zukommen von so ungeheurer Größe, daß er mit der Stirne die Wolken berührte, und mit schrecklichem Antlitz.

Die strahlende Gestalt, die er an seiner Seite hatte, forderte ihn auf, sich mit dem abscheulichen Mann zu schlagen. Francesco flehte ihn an, ihn doch vor dem Zorn der unheimlichen Gestalt zu verschonen, aber der Strahlende akzeptierte dies nicht.

Vergeblich ist all dein Widerstand; mit diesem aneinander zu geraten ist für dich besser. Fasse Mut; wirf dich voll Vertrauen in den Kampf, dringe mutig vor, weil ich dir beistehen werde: Ich werde dir helfen und werde es nicht zulassen, daß dieser dich überwindet.

Der Zweikampf wurde aufgenommen und war furchtbar. Mit der Hilfe der lichtvollen Gestalt, die immer an seiner Seite war, gewann Francesco die Oberhand und siegte. Die unheimliche Gestalt, zur Flucht gezwungen, zog sich hinter die große Schar der Männer mit dem schrecklichen Aussehen zurück, unter Flüchen, Verwünschungen und betäubenden Schreien.

Die andere Schar von Männern von lieblichem Anblick, brach in Rufe des Beifalles und des Lobes für *den* aus, der dem armen Francesco im bitteren Kampf beigestanden war.

Die heller als die Sonne strahlende Gestalt legte auf das Haupt des siegreichen Francesco eine Krone von ganz seltener Schönheit, die zu beschreiben vergeblich wäre. Die Krone wurde sogleich wieder weggenommen von jener guten Gestalt, die dazu sagte: "Eine andere, noch viel schönere halte ich für dich bereit, wenn du mit der Gestalt, mit der du dich jetzt geschlagen hast, zu kämpfen weißt. Er wird immer wieder über dich herfallen... Streite voller Mut und zweifle nicht an meiner Hilfe... Laß dich von seinen Quälereien nicht erschrecken, noch von seiner furchtbaren Gegenwart einschüchtern... Ich werde dir nahe sein, ich werde dir immer helfen, damit es dir immer gelingt, ihn niederzuwerfen."»

Pater Pio war auf außerordentliche Weise dazu berufen, gegen die Kräfte des Bösen zu kämpfen, die den Menschen in dieser Welt bedrängen, und gegen den, der sie vertritt und leitet, und dazu, zur Errichtung des Reiches Gottes beizutragen. Der Kampf hat unzählige Male stattgefunden, direkt und indirekt, auf die verschiedensten Arten. Die in diesem Buch erzählten Fakten sind nur einige Beispiele dafür, aber es sind nicht nur Episoden, die bezaubern wegen ihrer Verflechtung von

Menschlichem und Göttlichem; sie sind auch mächtige Anreize, die zur geistigen Reifung des Menschen anspornen in jener Größe, die ihre Vollendung findet in der Fülle Christi.

2.
Der Morgen
des 20. September 1918

Die Stigmatisierung des Pater Pio war ein Ereignis, das ihn für sein gesamtes Leben geprägt und ihn wie einen mächtigen religiösen Aufruf vor das Angesicht der ganzen Welt gestellt hat. Aber was war der genaue Sinn dieses Aufrufes? Ich glaube, es war das, was der heilige Paulus über sich selbst sagte, als er schrieb: «In meinem Fleisch vollende ich, was an den Leiden Christi noch fehlt...» (Kol 1,24). Was fehlt noch an den Leiden Christi? An und für sich absolut nichts: Seine Leiden sind von unendlichem Wert und darum imstande, die ganze Welt zu erlösen, ohne noch irgend etwas anderem zu bedürfen. Wenn man davon spricht, daß etwas fehlt, so deshalb, weil Gott selbst will, daß es fehlt, und zwar genau die freiwillige Teilnahme des Menschen an seiner Erlösung. Und hier ist es nötig, auf die christliche Deutung der Sünde einzugehen, welche eine Zurückweisung der Liebe Gottes ist. In der Sünde vollzieht sich, was der heilige Augustinus mit diesen Worten ausgedrückt hat: Liebe zur Kreatur bis zur Verachtung Gottes. Eine Liebe außerhalb der Ordnung Gottes, die eine Lust erzeugt, die von Gott entfernt. Und darum, wenn man die Dinge in Ordnung bringen will, so muß man Gott lieben, indem man sich von der sündhaften Liebe zu den Kreaturen loslöst. Aber diese Loslösung erzeugt Schmerz, so als würde man einen ausgerenkten Knochen wieder einrichten. Es handelt sich jedoch immer um die Liebe. Man erstrebt nicht das Leiden um des Leidens willen: Das wäre nicht menschlich und noch weniger christlich. Man will das

Leiden als Mittel, um in der richtigen Art zu lieben. Pater Pio wurde durch seine Stigmatisierung in einen Zustand von andauerndem tiefen Schmerz versetzt. Der Herr hat von ihm eine außerordentliche Teilnahme verlangt, «um zu vervollständigen, was an den Leiden Christi fehlt», und er hat die Bitte Gottes aus ganzem Herzen angenommen. Auf die gelegentliche Frage einiger seiner geistigen Kinder, welche Schmerzen seine Stigmen verursachten, hat er den Schleier über diesen etwas gelüftet, indem er etwas andeutete und Ausblick auf ein Panorama bot, das jedermann erschreckt hätte. Er machte Andeutungen darüber, was er vorallem während der Feier seiner heiligen Messen litt, in denen er auf gewisse Art die Passion des Herrn wieder erlebte. Und trotzdem, wer immer ihn bat, ihm doch einen Teil seiner Leiden zu überlassen, bekam von Pater Pio zur Antwort, daß er auf seine Leiden eifersüchtig sei und sie an niemanden abgetreten hätte. Und dies legt Zeugnis ab für die Größe seiner Liebe zu Gott und zu den Seelen, die ihn jegliches Leiden nicht nur annehmen sondern sogar ersehnen ließ, nur darum, um die vielen Sünder zu retten, die zu ihm hineilten und sich um ihn herum ansammelten.

Das Ereignis

Niemand war Zeuge des Momentes, als Pater Pio seine Stigmen empfing. In der Tat befand sich der Superior, Pater Paolino da Casacalenda, in San Marco in Lamis, einem Dorf in der Nähe von San Giovanni Rotondo, und die anderen Mitglieder des Konventes irgendwo anders. Das Ereignis fand in der vollkommensten Einsamkeit statt, zwischen Pater Pio und dem Herrn, vor jenem Kruzifix, das man noch heute auf dem Chor über dem Eingang der alten Kirche sehen kann. Wäre es von Pater Pio abhängig gewesen, er hätte niemandem jemals irgendetwas darüber mitgeteilt. Zu einem gewissen Zeitpunkt jedoch erhielt er vom Provinzialsuperior, Pater Benedetto da San Marco in Lamis, den Befehl, ihm eine detaillierte Darstellung des ganzen

Ereignisses zu machen, und so entschloß sich Pater Pio, die Feder zur Hand zu nehmen und am 22. Oktober 1918 das Folgende aufzuschreiben:

«Ich befand mich am Morgen des 20. des vergangenen Monats nach der Feier der heiligen Messe im Chor, als ich in einen Zustand der Ruhe verfiel, ähnlich einem süßen Schlummer ... Alle inneren und äußeren Sinne und selbst die Fähigkeiten der Seele befanden sich in einer unbeschreiblichen Ruhe. In all dem herrschte um mich herum und in mir eine absolute Stille: Ihr folgte sogleich ein großer Friede... und wie in einem Blitz fand ich mich einer geheimnisvollen Persönlichkeit gegenüber, ähnlich jener, die ich am Abend des 5. August gesehen hatte, die sich von ihr nur dadurch unterschied, daß ihre Hände und Füße und ihre Seite von Blut trieften.»

Pater Pio ist erschüttert und verwirrt. Er ist so vom Schmerz getroffen, daß es ihm nicht gelingt, sich zu erheben, und er sich auf Händen und Füßen kriechend bis zu seiner Zelle schleppen muß, auf dem Korridor eine Blutspur zurücklassend. Hier angekommen, versucht er soweit als möglich das Blut zu stillen, das aus den Wunden quillt, sie zu verbinden und alles so gut als möglich zu verbergen. Der Superior, Pater Paolino, findet bei seiner Rückkehr in den Konvent Pater Pio bei seiner ersten Begegnung seltsam, mißt dem aber keine Bedeutung bei. Dann beginnt er jedoch zu vermuten, daß er irgend etwas verberge. Er verlangt Erklärungen von Pater Pio, aber diesem gelingt es, alles zu verheimlichen. Dennoch kommt ihm, man weiß nicht wie, zu Ohren, daß es sich um Stigmen handelte. Er verlangt von Pater Pio, daß dieser ihm die verbundenen Hände zeige, aber noch einmal gelingt es diesem mit einem Vorwand, ihn zum Schweigen zu bringen. Aber Pater Paolino hat nun Verdacht geschöpft und will wissen, wie sich die Dinge tatsächlich verhalten. Eines Tages betritt er, ohne anzuklopfen, die Zelle des Pater Pio, sieht die Stigmen und kennt endlich die Wirklichkeit. Er informiert sogleich den Provinzialsuperior, welcher einerseits äußerste Zurückhaltung verlangt, und andererseits Pater Pio auffordert, ihm, wie wir schon erwähnt haben, eine detaillierte

Darstellung zu machen. Von diesem Augenblick an jedoch beginnt sich um Pater Pio eine Bewegung der Liebe und der Ablehnung zu erheben, welche sein Kalvaria sein wird und ihn bis zu seinem Tode zum Zeichen des Widerspruches machen wird.

Was tust du da?

In den ersten Zeiten, als Pater Pio die Stigmen empfangen hatte, verwendete er jede Sorgfalt darauf, sie nicht nur den Menschen, sondern auch seinen Mitbrüdern gegenüber verborgen zu halten. Einer von diesen, der mehr in seiner Nähe war, um ihm zu helfen, bemerkte, daß der Pater, ganz in der Absicht, aus Liebe zum Herrn und zum Heil der Seelen zu leiden, es seit einiger Zeit unterlassen hatte, die Strümpfe von den Füßen zu nehmen. Eines Tages, als er ihm helfen mußte, weil er krank war, sagte er zu ihm, daß es gut wäre, ihm die Füße zu waschen. Pater Pio entschloß sich dazu und ließ es geschehen. So konnte sich der Mitbruder davon überzeugen, daß sich rund um die Wunden der Füße große Krusten gebildet hatten, die die Schwierigkeiten des Paters beim Gehen noch erhöhten. Daher unternahm er es, mit größter Sorgfalt, die Verkrustungen abzunehmen, die Füße zu waschen und abzutrocknen. Sodann küßte er sie, ehe er die Strümpfe wieder anlegte. Da unterbrach ihn Pater Pio und sagte: «Was tust du da?» Der Mitbruder antwortete ihm, daß er tue, was man nach einem Brauch in ähnlichen Fällen bei den Mitbrüdern zu tun pflegte. Darauf Pater Pio: «Nun gut, so mach dies bei den anderen, aber nicht bei mir!»

Sonst beginnen der Kapuziner und der Benediktiner miteinander zu raufen!

Pater Pio schleppte seit langer Zeit ein unangenehmes Bruchleiden mit sich herum, das ihm beim Gehen arge Schmerzen verursachte. Er hatte es immer vermieden, sich operieren zu lassen, bis er einfach nicht mehr konnte und sich dem Chirurgen ergeben mußte. Ihn zu operieren wurde Dr. Giorgio Festa gerufen, den er bekehrt hatte und der ihn sehr verehrte. Im Konvent selbst wurde ein Operationssaal eingerichtet. Es war der 10. Oktober 1925. Als der Moment der Operation gekommen war, wollte Dr. Festa die Anästhesie des Patienten vornehmen, aber Pater Pio widersetzte sich und sagte: «Wärst du fähig, dem Wunsch, meine Wunden zu sehen, zu widerstehen?» Dr. Festa antwortete freimütig: «Nein.» — Darauf Pater Pio: «Siehst du, daß ich recht habe, mich nicht betäuben zu lassen.» Dr. Festa gab ihm zu bedenken, daß die Operation ziemlich lange und äußerst schmerzhaft wäre, aber Pater Pio hatte den Auftrag, niemandem seine Stigmen sehen zu lassen und wollte gehorsam sein, auch um den Preis großer Schmerzen. Er blieb hart und wollte sich nicht anästhesieren lassen. Nun sagte ihm Dr. Festa, daß er wenigstens einen Cognac, sein Name war Benediktiner, zu sich nehmen sollte. Pater Pio trank ein kleines Glas, und als ihm der Arzt noch weitere Gläschen anbieten wollte, schlug er dies ab und sagte: «Nein, nein, genug, sonst beginnen der Kapuziner und der Benediktiner miteinander zu raufen!» Man schritt also zur Operation, die wie vorhergesehen, sehr schmerzhaft war. Pater Pio machte übermenschliche Anstrengungen, um die Schmerzen zu ertragen, und hielt während der ganzen Dauer der Operation stille. Als sie zuende war, wurde er in seine Zelle gebracht, aber hier fiel er aufgrund aller dieser Anstrengungen in Ohnmacht. Nun nützte Dr. Festa diesen Umstand aus und beeilte sich, in Anwesenheit von zwei Brüdern, eine Untersuchung der Stigmen vorzunehmen und auf diese Weise zu erhalten, was er gewollt hatte, ungeachtet des Widerstandes von Pater Pio.

3.

Von überall her kommen sie zu ihm

Zu Pater Pio kamen unzählige Personen, verirrt auf allen Straßen des Bösen, und er lenkte sie hin auf den einzigen Weg des Heiles, der zu Gott führt. In diesem seinem Bekehrungswerk der Seelen nahm er meist eine sehr brüske, manchmal auch gewaltsame Haltung ein, die sehr viel Diskussion erregte und bei denen Verwirrung hervorrief, die an der Oberfläche der Dinge stehengeblieben waren, ohne nach den tiefen Beweggründen zu suchen. Aber man muß mit Bedacht vorgehen und darf keine voreiligen Schlüsse ziehen. Wer Pater Pio daraufhin ansprach, daß seine brüske Art, die Menschen zu behandeln, überraschte und die Seelen zurückstoßen konnte, bekam zur Antwort: «Ich behandle die Seelen so, wie Gott sie mich sehen läßt.» Und Gott zeigte ihm, daß sie Stöße nötig hatten, ohne die sie sich nicht vom Bösen entfernt hätten. Man weiß, daß man die physischen Krankheiten mit Medikamenten oder mittels der Chirurgie kuriert. Zur Chirurgie greift man, wenn sich die Medikamente als unwirksam erweisen. Ich glaube, daß Pater Pio in der Bemühung um die Seelen vorallem dazu berufen war, ein geistlicher Chirurg zu sein. Wenn er eine Seele erschüttert hatte, so konnte diese im Moment auch verwirrt oder sogar verletzt sein, aber wenn sie ehrlich aus dem Bösen herauskommen wollte, so kehrte sie früher oder später wieder zu Pater Pio zurück. Diese Art, gewisse Personen anzugreifen, war für Pater Pio eine Taktik und nicht ein Ausbruch von Leidenschaften.

Ungefähr eineinhalb Monate nach Pater Pios Tod befand ich mich bei seinem Grab, um zu beten. Ich wollte die Gelegenheit nützen, um Pater Pellegrino Funicelli zu sprechen, der Pater Pio in seiner letzten Zeit und bis zu seinem Tode unterstützt hatte, und wollte ihn um eine Erklärung gerade über das brüske Verhalten von Pater Pio bitten. Pater Pellegrino erzählte mir, er habe einmal einem der Zornesausbrüche des Pater Pio gegenüber einer Frau vor dem Tor des Konventes beigewohnt. Als der Ausbruch vorbei war, ich mit Pater Pio wieder in den Konvent zurückgegangen war und das Tor geschlossen hatte, fand ich ihn ganz plötzlich wieder heiter und ruhig, als wenn nichts geschehen wäre. Und dies zeigte mir: Wäre es die Leidenschaft des Zornes gewesen, hätte er sich nicht so schnell beruhigt!

Aber es gibt auch noch andere Gründe für das schroffe Verhalten des Pater Pio. Er, der sich klarer als andere in seiner kreatürlichen Begrenztheit vor dem Angesicht Gottes sah, fühlte sich, wenn man ihn zum Gegenstand von Heiligenverehrung und Manifestationen des Fanatismus machte, dazu gedrängt, gewaltsam gegen all diese Haltungen aufzutreten. Außerdem muß man wissen, daß Pater Pio unter dieser rauhen Schale ein überaus zartes und sensibles Gemüt verbarg, und daher versuchte, sich davor zu schützen, daß ihn diese seine Natur betrüge. Man muß daher mit viel Zurückhaltung diese Verhaltensweisen beim Zusammenprall des Pater Pio mit einigen Personen betrachten.

Beniamino Gigli ist fassungslos

Vor einiger Zeit erzählte Frau Rina Gigli in einer bekannten Zeitschrift vom ersten Zusammentreffen des Beniamino Gigli mit Pater Pio. Dieser Erzählung nach hatte Beniamino Gigli, der durch einige Freunde über das Leben und die Taten des Pater Pio informiert war, den Wunsch, ihn aufzusuchen und zu sehen. Eines Tages kam er in einem Luxusauto, das sein livrierter Chauffeur lenkte, nach San Giovanni Rotondo. Sogleich war seine Ankunft bekannt geworden und eine große Neugierde rund um ihn, der schon zu internationaler Berühmtheit aufgestiegen war, entstanden. Er bat also darum, Pater Pio zu sehen und wurde zu ihm geleitet. Als Pater Pio ihn vor sich sah, näherte er sich ihm mit jenem Blick, der direkt in die Substanz der Dinge drang, ohne sich von der Erscheinungsform beeindrucken zu lassen, wer immer es auch sei, und sagte unvermittelt: «Du heißt Gigli, wie die Lilie (giglio = Lilie, Anm.d.Ü.), die das Symbol der Reinheit ist, aber du bist eine schmutzige Lilie, denn du betrügst deine Frau durch die versteckte Beziehung zu einer anderen Frau, die nicht deine Gattin ist. Du heißt Beniamino, das heißt, von Gott geliebt, aber du bist wegen dieses Zustandes deiner Seele keinesfalls von Gott geliebt.» Man kann sich die Verwirrung des Beniamino Gigli vorstellen. Pater Pio hatte in seiner Seele gelesen, was die anderen nicht wußten und hatte ihn brüsk mit seinen Verantwortlichkeiten konfrontiert. Dieser jedoch hatte die Demut und die Kraft, diese Einstellung von Pater Pio zu akzeptieren. Er bekehrte sich, brach die unzulässige Beziehung ab und wurde bis zu seinem Tod ein treuer Freund von Pater Pio. Während seiner noch verbleibenden Lebensjahre begab er sich noch oft zu Pater Pio, ihn zu besuchen, und Rat und Trost von ihm zu holen, und Pater Pio empfing ihn immer mit großer Freude. Oft bat er ihn, das Lied «Mamma» zu singen, das damals groß in Mode war, denn es erinnerte ihn mit Zärtlichkeit an seine Mamma Peppa, aber meistens konnte er es nicht zu Ende hören, da ihn die Rührung übermannte und er sich zurückzog, um alleine zu weinen.

Beginne von 1936 an!

Der Komiker Carlo Campanini, der nun auf dem Friedhof von San Giovanni Rotondo ruht, hatte 1939 zum ersten Mal versucht, sich Pater Pio zu nähern, aber es mußten elf Jahre vergehen, ehe er sich endgültig bekehrte.

Als er sich ihm zum ersten Mal näherte, tat er es nicht aus religiösen Motiven, sondern lediglich darum, um von ihm ökonomische Vorteile zu erlangen. Die Dinge lagen so. Der Schauspieler war aus Berufsgründen ständig unterwegs und war deshalb gezwungen, seiner Familie fern zu sein, die in Rom lebte; darunter litt er sehr und darum versuchte er mit allen Mitteln, eine Arbeit zu finden, die ihn seinem Zuhause näher brachte.

Eines Tages hörte er von einem Kollegen, daß dessen Vetter durch das außerordentliche Eingreifen des Pater Pio eine sehr gute Regelung für seine Familie erlangt hatte, und faßte den Wunsch, das gleiche für sich zu erreichen. Darum nützte er, als er sich in Bari befand, die Gelegenheit, um mit einem Freund nach San Giovanni Rotondo zu fahren und sich Pater Pio anzuempfehlen. Sie kamen zu später Stunde an und hatten große Schwierigkeiten, in den Konvent zu gelangen; dennoch erreichten sie es durch viel Hartnäckigkeit, eingelassen zu werden und mit Pater Pio zusammen zu treffen. Dieser rief aus, als er ihrer ansichtig wurde: «Nicht einmal während der heiligen Karwoche laßt ihr mich in Frieden! Was wollt ihr?» Campanini und sein Freund sagten, sie wollten beichten. Und Pater Pio: «Geht in die Kirche und bereitet euch vor: Morgen früh nach der Messe werde ich euch die Beichte abnehmen.» Die beiden gingen und kehrten pünklich am nächsten Morgen wieder. Campanini war von der Messe des Pater Pio tief beeindruckt: Ihm schien, als würde sie niemals aufhören, vielleicht auch darum, weil er sich an einem sehr unbequemen Platz befand. Als die Messe zuende war, begab er sich zum Beichtstuhl und hier erlebte er die Überraschung, daß Pater Pio ihm alle seine Sünden einzeln aufzählte. Am Ende, vor der Absolution, ließ er sich das Versprechen geben, daß er sein Leben ändern würde. Campanini hatte ihm noch von der Sache sprechen wollen, die ihm am meisten am Herzen lag, das heißt, eine Arbeit in Rom zu finden, um in der Nähe der Familie zu sein, aber hatte jetzt nicht mehr den Mut dazu. Dennoch formulierte er in seinem Inneren die Bitte mit großer Eindringlichkeit.

Nach Rom zurückgekehrt, sah er sich unerwarteterweise nach Cinecittà gerufen, um eine wichtige Rolle in dem Film

«Addio Giovinezza» zu übernehmen. Für diese Rolle waren auf der Besetzungsliste viel berühmtere Schauspieler als er vorgemerkt, aber er wurde gerufen. Von diesem Moment an begann für Campanini eine Karriere, die ihn sehr schnell berühmt und reich machte und ihm die Möglichkeit bot, mehr als hundert Filme in dichter Folge zu drehen. So kam das Jahr 1949 heran, und er sah sich auf dem Höhepunkt des Erfolges und Reichtumes. Er hatte jedoch nicht das Versprechen gehalten, das er Pater Pio gegeben hatte, sein Leben zu ändern, und dies machte ihn unruhig.

Eines Tages sagte ihm seine Gattin, daß sie die Familie dem heiligsten Herzen Jesu weihen wollte. Sie hatte darüber mit dem Pfarrer gesprochen und dieser sagte, daß es für diese Gelegenheit sehr gut gewesen wäre, wenn sie und ihr Gatte gebeichtet und kommuniziert hätten. Campanini wagte nicht, seiner Frau zu widersprechen und sagte, er würde darüber nachdenken. Die Zeremonie der Weihe war für den 8. Januar 1950 festgesetzt. Zwei Tage davor, am Fest der Erscheinung, spazierte Campanini durch die Straßen Roms, als er vor einer Kirche vorbeikam. Es überkam ihn der Wunsch zu beichten, aber er wurde abgehalten vom Anblick eines dicken und großen Mönches, der im Beichtstuhl saß. Als er den Blick abwandte, sah er einen anderen, mageren Mönch vor einem Kruzifix beten, sich erheben und den Platz des dicken Mönches im Beichtstuhl einnehmen. Kaum daß er saß, rief dieser ihn zu sich und bot ihm an, ihm die Beichte abzunehmen. Campanini trat hinzu und beichtete. Als er aus der Kirche ging, strahlte er vor Freude, vorallem wegen des Gedankens, daß er sich jetzt dem Pater Pio wieder zeigen konnte, ohne ihm alle in der Zwischenzeit begangenen Sünden bekennen zu müssen. Die Zeremonie der Weihe fand wie vorgesehen in seinem Hause statt. Dann begab sich Campanini, eine günstige sich bietende Gelegenheit ausnützend, zu Pater Pio und dachte, bei ihm eine ganz gewöhnliche Beichte abzulegen. Aber Pater Pio, der ihn in eine besondere Behandlung und unter seinen besonderen Schutz nehmen wollte, verlangte, daß er ihm seine ganze Seele offenlege und sagte: «Beginne von

1936 an!» Es half nichts, daß Campanini beteuerte, daß er erst vor kurzem gebeichtet hatte. Pater Pio blieb unbeugsam: «Beginne von 1936!» Campanini gehorchte, aber von diesem Moment an entstand zwischem ihm und Pater Pio ein geistiges Band und eine unauflösliche Freundschaftsverbindung, die ihn bis zu seinem Tode immer begleitete.

Was, Sie hier bei uns?!

Es gab eine von Pater Pio bewirkte Bekehrung, die eine Kettenreaktion auslöste. Es handelt sich um jene des Rechtsanwaltes Cesare Festa, eines Freimaurers, Cousin des Privatarztes von Pater Pio, Dr. Giorgio Festa. Dieser hatte eines Tages den Advokaten damit herausgefordert, daß er sagte, wenn er den Beweis für das Übernatürliche haben wolle, das er leugne, so brauche er nur zu Pater Pio zu gehen, der würde ihm diesen Beweis liefern. Der Advokat nahm die Herausforderung an und begab sich eines Tages nach San Giovanni Rotondo. Pater Pio stand im Gespräch inmitten einer Gruppe von Personen, als er ihn erblickte. Er löst sich sogleich von der Gruppe, geht ihm entgegen und tritt mit diesen Worten an ihn heran: «Was, Sie hier bei uns?! Sie sind ein Freimaurer!» Der Advokat bestätigt es. Und Pater Pio fragt ihn, was die Aufgabe der Freimaurerei sei, und jener erwidert: «Die Kirche zu bekämpfen.»

Nach dieser Präambel, die niemand vorhersehen konnte, ändert Pater Pio den Ton: Er nimmt ihn an der Hand und lädt ihn mit Herzlichkeit ein, mit ihm zu kommen. Er erzählt ihm in aller Natürlichkeit und Erbaulichkeit die evangelische Parabel vom verlorenen Sohn. Der Advokat fühlt sich mit diesem verlorenen Sohn identifiziert und vorallem empfindet er ganz lebendig die Liebe Gottes für die, die sich von Ihm entfernt haben. Er ergibt sich bedingungslos, er beichtet und erhebt sich dann und fühlt sich als ein Mensch, der zu einem neuen Leben geboren worden ist. Einige Tage später kehrt er nochmals zu Pater Pio zurück, welcher ihm auf das Deckblatt einer Bibel folgende Worte schreibt: «Selig, wer die Worte Gottes hört, sie aufmerksam behütet und treu befolgt.» Es ist wie eine Mahnung und Ermutigung, den neuen Stand der Gnade zu konsolidieren. Der Advokat versteht es vollkommen und nimmt es mit Entschlossenheit an.

Eines Tages entschließt er sich, eine Wallfahrt nach Lourdes zu machen. Die Loge von Genua, die zur Kenntnis sowohl der Bekehrung des Advokaten Festa als auch der Wallfahrt nach Lourdes gekommen war, beunruhigt sich und gerät in Aufregung über alle Konsequenzen, die all dies hervorrufen kann, und beschließt, eine Sitzung einzuberufen, um in feierlicher Form diesen Überläufer zu verdammen. Aber Cesare Festa, keineswegs eingeschüchtert, will zum Gegenangriff übergehen und entschließt sich, an der Freimaurersitzung teilzunehmen. Im Moment, da er dorthin gehen will, wird ihm ein Brief von Pater Pio ausgehändigt, der ihm schreibt, er solle sich des Glaubens nicht schämen und mit Mut in den Kampf schreiten: der Herr werde ihm beistehen. Er schließt den Brief wieder und geht zur Versammlung, wo er nicht nur seine Bekehrung erläutert, sondern auch überaus tapfer die Kirche verteidigt. Und von diesem Augenblick an wurde er zu einem glühenden Christen und Verehrer von Pater Pio.

Genuese, Genuese... du bist so nahe am Meer und kannst dich nicht waschen!

Eine der Bekehrungen in der Kettenreaktion, die von der Bekehrung des Advokaten Cersare Festa ausgelöst worden war, war die des Dr. Ezio Saltamerenda, des Direktors des Istituto Bioterapico in Genua. Dieser war als junger Mann ein verbissener Atheist gewesen, der keine Gelegenheit ausgelassen hatte, seine Theorien zu bekräftigen und zu propagieren. Als er von der Bekehrung des Advokaten Cesare Festa erfahren hatte, überkam auch ihn der Wunsch, Pater Pio kennenzulernen. Und so begab er sich eines Tages auf die Reise und kam nach San

Giovanni Rotondo. Pater Pio erkannte ihn sogleich, ohne ihn jemals zuvor gesehen zu haben, mitten in der Menge und richtete folgende Worte an ihn: «Genuese, Genuese, du bist so nahe am Meer und kannst dich nicht waschen!» Saltamerenda war von dieser Introspektion des Pater Pio völlig betroffen: wie konnte er ihn so genau kennen und seine Seele fotografieren? Also mußte es wahr sein, daß es etwas Übernatürliches gibt, was er als Atheist immer leugnete...! Unterdessen hatte er erkannt, daß er nicht sein physisches Gesicht waschen mußte, sondern seine Seele von den Sünden, die sie verschmutzten. Er war von dem geistigen Zustand, in dem er sich plötzlich in übernatürlichem Licht sehen konnte, so angewidert, daß er sogleich bei Pater Pio beichten wollte, aber da dieser wußte, daß er noch nicht bereit war und er seine Seele noch gründlicher erwecken mußte, um die wahre Frucht der Gnade Gottes zu empfangen, wies er ihn für den Moment zurück. Saltamerenda war sich seines Zustandes voll bewußt geworden, er fühlte großes Unbehagen und irrte voll Unruhe über die Felder, immer gefolgt von einer Wolke von Veilchenduft. Er begegnete dem Fra Francesco. Dieser nahm ihn, sobald er den Grund dieses seines Zustandes der Unruhe erfahren hatte und weil er die Taktik des Pater Pio kannte, an der Hand und geleitete ihn zu seiner Zelle zurück. Sowie er die Türe öffnete, verbreitete sich neuerlich jene Welle von Veilchenduft. Diesmal jedoch empfing ihn Pater Pio mit großer Zuneigung, nahm ihm die Beichte ab, indem er ihm einzeln jede seiner Sünden von seiner Kindheit an bis zu diesem Tag aufzählte und gab ihm schließlich die Absolution. Von diesem Augenblick an wurde Saltamerenda zu einem glühenden Verehrer von Pater Pio, und wie er vorher nie eine Gelegenheit ausgelassen hatte, seine atheistischen Ideen zu propagieren, so nützte er jetzt alle Umstände, um Pater Pio bekanntzumachen.

Pater Pio ruft von einem Plakat

Francesco Messina, ein Bildhauer von internationalem Ruf, hatte als Kind keinerlei religiösen Unterricht bekommen und war dann fern jeder kirchlichen Praxis aufgewachsen. Von Natur aus neigte er zum Pragmatismus und war wunderbaren Erzählungen und Ereignissen gegenüber allergisch.

Im Frühling des Jahres 1949 hielt er in Genua eine Ausstellung seiner Werke ab, die durch Plakate in verschiedenen Punkten der Stadt angekündigt worden war.

Eines Abends befand er sich mit seiner Frau zum Abendessen bei gewissen Freunden, die den Pater Pio sehr verehrten. Diese sprachen lange vom Bruder vom Gargano und zeigten ihm auch einen großen Band, der die Biographie von Pater Pio enthielt. Messina blätterte darin und war tief betroffen von dem durchdringenden Blick des Pater von einer Foto, die diesen Band schmückte.

Nach dem Abendessen kehrte er mit seiner Frau wieder in das Hotel zurück, wo sie abgestiegen waren. In der Nacht jedoch hatte er Mühe, Schlaf zu finden, da er an den Blick von Pater Pio denken mußte, der seine Seele zu durchdringen schien. Gegen fünf Uhr früh wurde er plötzlich durch einen Telefonanruf aus dem Schlaf gerissen: wer konnte es sein? Und was konnte es so wichtiges geben, das einen so nachtschlafenen Anruf rechtfertigte? Wegen der frühen Stunde und der fast schlaflos verbrachten Nacht ging Messina eher verärgert ans Telefon. Und seine Irritation erhöhte sich noch, als er am anderen Ende der Leitung die Stimme seines Jugendfreundes Saltamerenda hörte, der ihm sagte, daß er den Duft des Pater Pio wahrgenommen hätte, genau vor einem Plakat seiner Skulpturausstellung auf der Piazza De Ferrari. Er fügte noch hinzu, daß dies bedeute, daß er sich schleunigst zu Pater Pio begeben müsse, denn mit diesem Mittel würde ihn der Pater rufen. Saltamerenda bestand an diesem Morgen darauf, daß Messina auf ihn hören und zu Pater Pio fahren sollte. Messina war nahe daran, ihn zum Teufel zu schicken, aber er hielt sich zurück, und um ihn sich vom Hals zu schaffen, sagte er, daß er darüber nachdenken würde, und mittlerweile müsse er nach Milano zurückkehren, wo er sehr viel Arbeit zu erledigen hätte.

Er kehrte tatsächlich nach Milano zurück, aber der Gedanke an Pater Pio ließ ihn nicht mehr los. Schließlich sagte er sich: Ich muß wirklich hinfahren, um ihn kennen zu lernen! Er setzte sich nach einiger Zeit mit Saltamerenda wieder in Kontakt und verabredete mit ihm eine Reise nach San Giovanni Rotondo, und eines Tages reisten sie zusammen ab. Als sie ankamen, war es schon spät, und Pater Pio hatte sich schon zurückgezogen. Saltamerenda jedoch war bei den Brüdern bekannt und durch seine Beharrlichkeit gelang es ihm, eingelassen zu werden, und er konnte sich und seinen Freund Pater Pio präsentieren. Dieser empfing sie sehr mürrisch und sagte, sich an Messina wendend: «Und du, was willst du?» Messina sagte, daß er seit geraumer Zeit den Wunsch hatte, ihn kennenzulernen, daß er jetzt froh sei, sich diesen Wunsch erfüllt zu haben und daß er sich in seine Hände übergebe. Pater Pio erwiderte nur kurz: «Du befindest dich wirklich in guten Händen!» Dann sagte er zu allen beiden, sie sollten in die Kirche gehen und sich auf die Beichte vorbereiten; er würde später noch hinunter kommen, um ihnen die Beichte abzunehmen. Messina wollte ihm noch sagen, daß er sich geistig und physisch nicht für eine Beichte vorbereitet fühle, aber er kam nicht dazu, weil sich Pater Pio schon zurückgezogen hatte. Später kam er in die Kirche hinunter und Messina beeilte sich, ihm mitzuteilen, daß er für eine Beichte nicht vorbereitet sei, Pater Pio aber versetzte nur trocken: «Du sagst mir nichts, sondern antwortest nur.» Und nun begann er alle Sünden Messinas von der Kindheit an bis zu diesem Moment der Reihe nach in allen Einzelheiten Revue passieren zu lassen. Angesichts dieser Art geistigen Scheinwerfers, der gnadenlos in allen Verzweigungen seiner Seele herumwühlte, war Messina vollkommen verblüfft und bestürzt und ergab sich völlig. Tags darauf wohnte er der Messe des Pater Pio bei und ging zur Kommunion. Und von diesem Moment an veränderte er vollkommen sein Leben und wurde zu seinem treuesten geistigen Sohn. Er pflegte zu sagen: «Ich bin am 11. April 1949 geboren», an dem Tag, an dem er zu Pater Pio gekommen war. Er besuchte ihn noch häufig bis zu seinem Tod.

Für ihn hat er jenen monumentalen Kreuzweg geschaffen, den man bewundern kann, wenn man den Berg bei der Kirche Santa Maria delle Grazie in San Giovanni Rotondo besteigt.

Das ist Häresie!

Alle in San Giovanni Rotondo wissen, daß Federico Abresch ein Meilenstein auf dem Weg der von Pater Pio gewirkten Bekehrungen ist. Er war deutscher Abstammung, Protestant und war zum Katholizismus konvertiert, nicht aus Überzeugung sondern aus sozialer Konvenienz. Er hatte sich dann mit den okkulten Wissenschaften eingelassen, ohne allerdings Frieden für seinen Geist zu finden. Von Zeit zu Zeit vollbrachte er irgendwelche religiöse Übungen, er tat dies aber vorallem, um seiner Frau entgegenzukommen, die eine glühende Katholikin und Verehrerin des Pater Pio war.

Angeregt von seiner Gattin, entschloß er sich auch eines Tages nach San Giovanni Rotondo zu fahren, um diesen Bruder kennenzulernen, von dem er so viele außerordentliche Dinge erzählen hörte. Seine erste Begegnung mit Pater Pio fand im November 1928 statt. Es war eine Begegnung, die ihn damals gleichgültig ließ, aber die Dinge änderten sich, als er bei ihm beichten wollte. Pater Pio sagte zu ihm, daß er in seinen vorherigen Beichten schwere Sünden verschwiegen hätte und fragte ihn, ob er dies in gutem Glauben getan hätte oder nicht. Abresch versuchte sich zu rechtfertigen, indem er sagte, daß er die Beichte für eine nützliche Einrichtung halte, aber nicht an ihren übernatürlichen Charakter glaube. Da nahm Pater Pio eine überaus strenge und schmerzerfüllte Haltung ein und rief aus: «Das ist Häresie!» Und er fügte hinzu, daß daher alle bisher gemachten Kommunionen Sakrilege waren. Es war daher nötig, alles von Anfang an neu zu machen: Er solle sich vorbereiten und sich erinnern, wann er zum letzten Mal eine gute Beichte gemacht hätte. Damit verließ er ihn und ging, den Frauen die Beichte zu hören. Abresch war vollkommen aufgewühlt und es gelang ihm nicht, sich in seiner Vergangenheit zurecht zu finden.

Als Pater Pio in die Sakristei zurückkehrte, fragte er Abresch, ob er sich an seine letzte gültige Beichte erinnern könne, aber der arme Mann war noch ganz erschüttert und verwirrt. So nahm denn Pater Pio die Initiative und ließ ihn durch präzise Fragen auch nach den kleinsten Details sein ganzes Leben Revue passieren und schloß mit den Worten: «Sie haben einen Hymnus für Satan angestimmt, während Jesus sich in seiner maßlosen Liebe den Hals für sie gebrochen hat.» Abresch fühlte angesichts einer so klaren, präzisen und schmerzlichen Lektion von Pater Pio über seine Seele eine tiefe Reue über seine Sünden und daher gab ihm der Pater die Absolution. Er erhob sich von der Beichte wie verjüngt und voll unsäglicher Freude.

Aber die Sache war damit noch nicht zu Ende. Seine Gattin, die ihn dazu gebracht hatte, zu Pater Pio zu gehen, befand sich in einer schwierigen Situation: Nach der Meinung der Ärzte hätte sie sich einer Operation unterziehen sollen, die sie für immer der Möglichkeit beraubt hätte, Kinder zu bekommen, die sie sich jedoch sehnlichst wünschte. Abresch wandte sich an Pater Pio, um ihn um einen Rat zu bitten, und Pater Pio sagte nach einem kurzen Augenblick des Gebetes: «Keine Messer.» Von diesem Augenblick an fühlte sich die Frau vollkommen genesen. Nach zwei Jahren sagte Pater Pio dem Abresch voraus, daß seine Frau einen Sohn bekommen würde, der später ein Priester sein würde, eine Prophezeiung, die sich pünklich erfüllte.

Nair, die leidenschaftliche Kommunistin aus der Emilia

In Bologna gab es eine Frau, die zu den Geistern gehörte, die sich vollkommen hingeben, wenn sie sich einer Sache einmal verschreiben: alles oder nichts. Sie hieß Italia Betti, aber sie hatte den Kampfnamen «Nair» angenommen. Ihr Kampf war es, die Gerechtigkeit unter die Menschen zu bringen, und zu

Anfang hatte sie geglaubt, daß dieser Kampf nur durch den Kommunismus gewonnen werden könne.

Tochter armer Leute, eines von den dreizehn Kindern der Familie Betti, hatte sie unglaubliche Opfer erbringen müssen, um ihr Studium absolvieren zu können und war schließlich Lehrerin für Mathematik und Physik am Gymnasium des Lyzeums Galvani in Bologna geworden. Sie trat der kommunistischen Partei bei und wurde binnen kurzem zu einer feurigen Aktivistin. Sie hatte sich mit Leib und Seele für den Triumph des Kommunismus dermaßen eingesetzt, daß dieser für sie wie zu einer Religion geworden war. Nach einer langen Strecke auf diesem Weg fühlte sie sich nicht nur physisch müde, denn man muß für alles bezahlen, sondern auch moralisch, weil sie gemerkt hatte, daß auch der Kommunismus nicht jenes besondere Problem der Gerechtigkeit lösen konnte, das sie verfolgte.

Es war in dieser Phase ihres Lebens, als ihr nachts einmal im Traum Pater Pio erschien, nahe an einem Haus stehend, in das man nur mit Schrecken eintreten konnte. Die Wahl hieß: Entweder mit Schrecken eintreten oder draußen im Frieden bleiben. Sie war von diesem Traum tief ergriffen und beschloß, um das Rätsel zu lösen, zu Pater Pio zu reisen. Und so begab sie sich mit ihrer Mutter und einer Schwester am 14. Dezember 1949 dorthin. Sie wohnte der Messe des Pater Pio bei und diese Messe war es, die ihr den Horizont des Übernatürlichen auftat in einer Art, die in ihr das Verlangen weckte, darüber nachzusinnen. So blieb sie noch zwei Stunden lang in der Kirche. Und als sie sich dann mit Pater Pio traf und bei ihm beichtete, hatte sie verstanden, daß der Kampf für die wahre Gerechtigkeit, die ihr immer vorschwebte, in christlicher Sicht des Lebens ausgefochten werden muß. Also konvertierte sie und wandte, wie es dem Wesen ihres Charakters entsprach, alle ihre Energien auf den geistigen Weg, den ihr Pater Pio nun gewiesen hatte. Sie wollte nicht mehr aus San Giovanni Rotondo weg. Sie ließ alles zurück, was sie in Bologna hatte und richtete sich in einem Häuschen in der Nähe des Pater Pio ein. Sie starb am 26. Oktober 1950. In ihrem Testament hinterließ sie folgende Zeilen: «Mein

Wiedereintritt in den Glauben an Gott, der sich nach zirka zwanzig Jahren ereignete, vollzog sich in vollkommenem Bewußtsein und nicht aus Angst, gegen das Leben zu sündigen... sondern aus wahrem und klarem Ruf meines Gewissens zur Heiterkeit... wenige Tage haben mit genügt, um zutiefst zu verstehen, daß nicht das das wahre Leben war, das ich bisher gelebt hatte, und daß es ohne Zweifel absurd ist, daß die Menschen, kleine organisierte Teilchen im Universum, die bestimmunggebenden Elemente jeglicher menschlichen Ordnung seien.

Der Mensch ist eine göttliche Schöpfung. Deshalb muß er sich als ein Teil und nicht als das Ganze fühlen, muß er sich als eine kleine Kraft empfinden, die in jedem Augenblick Führung und Hilfe für sein Fortschreiten erbitten muß.»

Schluß jetzt!

Giovanni Bardazzi ist ein typischer «Toscanaccio» (abwertend für «Toskaner», Anm.d.Ü.) aus Prato. Er ist seit 1947 bei der kommunistischen Partei eingeschrieben, und wegen seines Unternehmungsgeistes und seines Ungestüms wird er voller Initiative bald zum Führer einer Aktivistenzelle. Er will alles in Ordnung bringen und will dies mit den Ideen und der Gewalt des Kommunismus tun. Er kann keine Priester sehen, keine geistlichen Brüder noch Schwestern, und als er eines Tages einige von diesen in seinem Haus findet, wirft er sie hinaus und erzürnt sich mit seiner Frau, die diese hereingelassen hatte. Er will die Kirchen in Tanzsäle umwandeln. Wie ein Besessener mischt er sich überall ein. Aber eines nachts erscheint ihm im Traum ein Mönch mit einem Bart und abgeschnittenen Handschuhen, der zu ihm sagt: «Jetzt ist es aber genug! Jetzt ist es Zeit, damit Schluß zu machen! Ich erwarte dich in San Giovanni Rotondo!» Er ist tief beeindruckt. Wer mag nur dieser Mönch sein? Und wo ist San Giovanni Rotondo? Er spricht darüber mit seiner Frau, welche ihm nicht nur über den Mönch und San Giovanni Rotondo Erklärungen gibt, sondern ihn noch dazu anregt, persönlich dorthin zu fahren, um eine klare Meinung darüber zu bekommen. Bardazzi zögert: Fahren? Nicht fahren? Die Zeit vergeht. Dann aber entscheidet er sich: Er wird dorthin fahren, um zu sehen, worum es sich handelt. Und so begibt er sich eines Tages mit seiner Frau und anderen auf die Reise.

In San Giovanni Rotondo angekommen, schickt er die anderen in das Kloster. Er selbst geht zur Sektion der Kommunisten an diesem Ort, um von den Genossen Informationen über Pater Pio einzuholen. Er glaubt, daß auch sie auf seiner Seite stünden mit der Meinung, daß es sich um einen Mystifikator handle. Aber er merkt, daß die Genossen überhaupt nicht so denken: Hände weg von Pater Pio! Aber was sind denn das nur für Kommunisten in San Giovanni Rotondo?! Er kann es nicht verstehen. Nun begibt er sich also zum Konvent, um sich persönlich von der Lage der Dinge zu überzeugen. Bei seiner Ankunft erlebt er eine weitere Überraschung. Da stehen Menschen, die darauf warten, in die Kirche eintreten zu können und während dessen mit dem Rosenkranz in der Hand beten, und unter diesen Menschen sind sogar Männer, auch diese mit dem Rosenkranz in der Hand! Jetzt versteht er überhaupt nichts mehr. An was für einen Ort ist er nur geraten...?!

Am nächsten Tag will er Pater Pio entgegentreten, um ihm «den Kopf zurecht zu rücken», so wie er sich das denkt, da er meint, das diese ganze Geschichte nur ein Schwindel ist, um das arme Volk zu betrügen. Aber mit ihm, nein, mit ihm kann man das nicht machen! Pater Pio kommt, und als er ihn vorbeigehen sieht, fühlt er von Kopf bis Fuß eine Erschütterung, die ihn ganz durcheinander bringt. Was in aller Welt soll das nur bedeuten?! Pater Pio murmelt ihm im Vorübergehen noch zu: «Ist dieser räudige Ziegenbock doch gekommen!» — Donnerwetter! Was für ein schönes Kompliment! Jetzt sind es allzu viele Dinge, die ihn in eine seltsame Atmosphäre eintauchen, und der arme Bardazzi kann sich aus der Krise nicht befreien, die ihn durchwühlt.

Am Morgen darauf geht er, die Messe des Pater Pio zu hören, die er damals am Altar des heiligen Franziskus im alten Kirchlein las. Bardazzi begibt sich in eine geeignete Position, um Pater Pio gut beobachten zu können. Und dieser, als er sich beim «orate fratres» zum Volk umwendet, zeigt seine Hände ohne die halben Handschuhe, mit den klaffenden Wunden in der Mitte und so viel Blut rund herum. Die Menge ist erschüttert und still wie ein Grab wegen des Leidens, das im Gesicht des Pater Pio zu lesen steht. Bardazzi will eine Probe aufs Exempel: Wenn es wahr ist, daß der Mönch jetzt die Passion Christi miterleidet, warum sollte nicht auch er einen Teil verspüren können? Hätte er dies nur niemals gedacht! Denn ganz plötzlich überfällt ihn ein unerträglicher Schmerz. Er dauert nicht länger als nur einen Augenblick, aber Bardazzi glaubt, es wäre eine Ewigkeit! Nun ist der unglückselige Bardazzi, der überhebliche und gewalttätige Toscanaccio in die übernatürliche Sphäre eingetreten, die Pater Pio umgibt, und er fühlt sich vollkommen verwirrt. Er sieht die Dinge nicht mehr so wie vorher, sondern er erkennt nun im Licht der Gnade, daß er voller Sünden ist. Er will zur Beichte und geht zu Pater Pio, aber dieser tritt mit den Worten auf ihn zu: «Du, sage mir, was hat dir der Herr gemacht?»

Und Bardazzi: «Nichts, ich weiß nicht einmal, ob es ihn gibt!»

Pater Pio: «Was, du weißt nicht, ob es ihn gibt?» — Und er verwickelt ihn in einen ungestümen Dialog, der allerdings keinerlei Ergebnis hat, denn Pater Pio sieht ihn noch gänzlich unvorbereitet und erklärt ihm rundweg: «Ich kann dir die Absolution nicht geben, denn für dich will ich nicht in die Hölle kommen.» Bardazzi ist in der tiefsten Finsternis. Er plagt sein Gehirn, er befragt sein Gewissen, er ist entschlossen, aus dieser Verwicklung herauszukommen, und in Klarheit und mit Überzeugung daraus hervorzugehen. Und endlich tritt nach und nach durch die Gnade Gottes und das Gebet des Pater Pio etwas Licht in seine Seele und es wächst an, und wird heller, bis es ganz Klarheit ist. Nun sieht sich Bardazzi wie vor Gottes Angesicht, hat Gewissensbisse, bereut und bittet Gott aufrichtig um Verzeihung. Dann präsentiert er sich Pater Pio, der ihm schließlich die Absolution gibt und ihn vollkommen reinigt. Nun ist

Bardazzi gänzlich verändert. Er kehrt nach Prato zurück, verläßt die kommunistische Partei, erträgt den Hohn der alten Genossen und zeigt sich ihnen mit jener geistigen Sicherheit in der Seele, die er mit der Hilfe des Pater Pio errungen hat und beginnt ein neues Leben.

Bekehrung in Zeitlupe

Nicht immer tritt die Bekehrung plötzlich ein: Manchmal vollzieht sie sich in Abschnitten, denn die Gnade paßt sich dem Zustand der Seele an, welche eine langsame Bewegung braucht, um die Glaubensgründe, eine nach dem anderen, zu assimilieren. Alberto Del Fante war einer dieser Konvertiten. Er war ein bekannter Freimaurer in Bologna. In seinem Groll gegen die Kirche hatte er viele Schmähschriften verfaßt, und Pater Pio hatte er im Italia Laica einen «Mystifikator» genannt, einen Scharlatan, einen Spitzbuben, der die Einfalt der Menschen ausnütze.

Er hatte einen Neffen, der trotz aller medizinischen Kuren nach Meinung der Ärzte dem Tode geweiht war, aufgrund einer Krankheit, die kein Erbarmen kennt. Ein Freund Del Fantes betete ohne dessen Wissen um Heilung durch die Intervention von Pater Pio, und die Heilung kam ganz plötzlich und konfrontierte alle mit einem menschlich unerklärbaren Faktum. Als Del Fante vom Eingreifen des Pater Pio erfuhr, war er überaus verwundert, und es packte ihn eine große Neugierde: Er wollte ihn absolut kennen lernen und entschloß sich, nach San Giovanni Rotondo zu fahren. Die Kontakte mit Pater Pio waren nicht eine Sache von wenigen Stunden, sondern von langen Tagen. Der Mönch stellte sich diesem Freimaurer für alles, was er über den Glauben wissen wollte, zur Verfügung. Del Fante war von zwei realen Dingen in die Zange genommen, die ihn unruhig machten und aufwühlten: Der inkonvertiblen Tatsache der plötzlichen Heilung des Neffen entgegen aller menschlichen Vernunftbegründung, und der ebenso inkonvertiblen

Tatsache, daß Pater Pio, ohne ihn jemals gesehen und kennen gelernt zu haben, mit extremer Genauigkeit seine Vergangenheit kannte, seine Gegenwart und seine Zukunft. Er bewegte sich Stück für Stück gegen die Bekehrung voran und zeichnete in einem Tagebuch seinen inneren Weg auf. Und so stürzten alle seine Zweifel, einer nach dem anderen in sich zusammen, bis es in seiner Seele ganz Licht wurde und er sich nicht nur bekehrte, sondern auch zu einem Zeugen und zu einem Propagandisten von Pater Pio wurde. Später schrieb er dann ein fundamentales Buch über ihn mit dem Titel: «Für die Geschichte», in dem er seine Zeugnisse über Pater Pio und die Zeugnisse anderer sammelte. Währenddessen, zur Besiegelung seiner Bekehrung, ereignete sich ein Letztes, das ihn endgültig im Glauben festigte. Er hatte eine junge Frau, die ein Kind erwartete. Er hatte aber große Sorge, denn bei zwei anderen Kindern davor, war sie nicht in der Lage gewesen, sie mit eigener Milch zu ernähren. Del Fante wollte, als er sich von Pater Pio verabschiedete, dessen Gebet seiner Bitte anempfehlen, seine Frau möge dieses Kind, das zur Welt kommen sollte, auch stillen können, und hatte kaum davon zu reden begonnen, als er ihn sagen hörte: «Wird deine Frau für das Baby auch Milch haben?» Er war sprachlos: Genau das hatte er vor, ihn zu bitten. Und Pater Pio fuhr fort, ihm zu versichern, daß sie ganz sicher dazu in der Lage sein würde, was sich später auch pünklich ereignete.

Pater Pio, gib mir ein Zeichen!

Ein Antiquitätenhändler aus Montecarlo, ein gewisser Aurè Caviggioli, stand dem Glauben ferne. Eines Tages begab er sich auf den Bahnhof Roma-Termini, und besorgte sich, ohne selbst zu wissen, warum, eine Fahrkarte nach Foggia. Während der Reise im Zug verfiel er in einen Schlummer, und als er erwachte, bemerkte er einen starken Duft, dessen Herkunft er sich nicht zu erklären vermochte.

In Foggia angekommen, nahm er den Autobus nach San Giovanni Rotondo, wo er in einem Hotel abstieg. Am nächsten Morgen, während er zur Messe des Pater Pio ging, roch er neuerdings diesen starken Duft, den er schon im Zug wahrgenommen hatte. Während der Messe fühlte er sich wie von der Gegenwart des Pater Pio in die Zange genommen. Er wollte sich ihm nähern, aber es war ihm wegen des starken Gedränges rund um ihn nicht möglich. Am folgenden Tag jedoch, gelang es ihm mit Hilfe einiger Brüder, sich Pater Pio anzunähern, welcher, als er ihn erblickte, zu ihm sagte: «Was willst du?» Caviggioli war einen Augenblick verwirrt, dann aber dachte er an seine kleine Nichte in der Schweiz, die einen Gehirntumor hatte und empfahl sie ihm. Pater Pio sagt ihm, er könne beruhigt nach Hause zurückkehren. In der Tat war die Nichte von da an geheilt und zwar augenblicklich und vollkommen, sodaß die Ärzte jegliches Honorar ausschlugen, weil sie zu ihrer Heilung nichts beigetragen hatten.

Diese Tatsache aber stachelte Caviggiolis Neugierde immer mehr an, welcher sich nun des öfteren nach San Giovanni Rotonda begab, um in der Nähe von Pater Pio zu sein, bei welchem er eine Beichte abzulegen ersehnte, woran er aber immer durch eine gewisse Furcht gehindert wurde.

Nach zwei Jahren nahm er sich vor, nach San Giovanni Rotondo zu fahren, um Pater Pio ein Bild der Madonna mit dem Kind zu schenken, das aus dem 16. Jahrhundert stammte. Als er zu Hause von einem Freund nach seinem Wert gefragt worden war, hatte er geantwortet, daß es Millionen wert sei. Aber in der Nacht danach war ihm Pater Pio im Traum erschienen, der ihn mürrisch anblickte und sagte: «Was erzählst du da für Geschichten! Wenn du selbst nur 25000 Lire gezahlt hast!» Caviggioli erinnerte sich, als er am Morgen erwachte, daß er tatsächlich diese Summe bezahlt hatte, um das Bild von einem Juden zu bekommen, der dann während des letzten Weltkrieges verschleppt worden war.

Als er nach San Giovanni Rotondo kam, um Pater Pio das Bild zu übergeben, fragte ihn dieser: «Sag mir, was du geträumt hast, du Schelm!» und brach in Lachen aus. Caviggioli erzählte ihm seinen Traum und lachte mit ihm.

Aber nicht einmal bei dieser Gelegenheit beichtete er bei Pater Pio. Als er aber alleine in seinem Hotelzimmer war, überkam es ihn, und er rief aus: «Gut, Pater Pio, wenn du willst, daß ich zur Beichte komme, so gib mir ein Zeichen!» Unglaublich! Er hatte nicht einmal den Gedanken zuende gedacht, als er Pater Pio in Person vor sich sah, der ihn an der Hand nahm und sodann wieder entschwand. Groß war die Verwunderung und die Angst Caviggiolis. Am folgenden Tag meldete er sich bei Pater Pio, der ihm nun endlich die Beichte abnahm, die Absolution erteilte und ihn am Ende sogar noch um Entschuldigung für den Schrecken bat, den er ihm durch seine Erscheinung im Hotel eingejagt hatte.

Eine Stimme in der Nacht: «Steh auf und geh' zu Pater Pio!»

Luigi Rago aus Salerno suchte, obwohl er verheiratet war und Kinder hatte, wenn er aus Berufsgründen auf Reisen war, immer die heitere Gesellschaft schöner Damen. In einer Nacht des Jahres 1960 hört er, während er in Foggia in einem Hotel wieder einmal in fröhlicher Gesellschaft einer Dame war, in seinem Inneren deutlich eine Stimme: «Steh auf und geh' zu Pater Pio!»

Rago, der seit seiner Kindheit der Kirche und den religiösen Praktiken ferne stand, wußte überhaupt nicht, wer Pater Pio war, aber angesichts eines so eigenartigen und energischen Befehles fühlt er in sich den Impuls, ihn auch zu befolgen. Er erhebt sich, kleidet sich an und sagt zu denen, die ihn fragen: «Wohin gehst du noch zu dieser Stunde?», resolut: «Ich gehe zu Pater Pio nach San Giovanni Rotondo.» Dort gegen zwei Uhr nachts angekommen, sieht er die Menschen vor der Kirchentüre darauf warten, einzutreten und die Messe des Pater Pio zu hören. Er schließt sich ihnen an und begibt sich nahe zu dem

Altar, an dem Pater Pio die Messe feiern wird. Als er ihn kommen sieht, fühlt er in seinem ganzen Körper etwas wie einen elektrischen Schlag. Er verliert keinen Augenblick der Messe, die ihm wie ein faszinierendes Schauspiel erscheint. Anschließend möchte er sich Pater Pio nähern, wagt es aber nicht. Trotzdem jedoch hat er von diesem Augenblick an oft das Bedürfnis, in eine Kirche zu gehen und zu beten. Jedesmal, wenn er in der Folge Gelegenheit hat, nach Foggia zu kommen, versäumt er es nie, nach San Giovanni Rotondo hinauf zu fahren und die Messe Pater Pios zu hören.

Nach Salerno zurückgekehrt, macht er es sich dann zur Gewohnheit, zur Kirche zu gehen und vor einem Bild der Madonna zu beten. Es kommt ihm auch zu Bewußtsein, daß er nicht eine Frau und gleichzeitig eine Geliebte haben kann und befreit sich von dieser. Aber immer noch ist nicht der Friede und die Heiterkeit in seiner Seele, denn er trägt die Last vieler Schulden mit sich. Eines Tages kehrt er nach San Giovanni Rotondo und tritt vor Pater Pio, um eine Beichte abzulegen, aber Pater Pio sagt zu ihm: «Warum bist du gekommen? So viele Jahre hast du nie eine Kirche betreten, hast nie ein Gebet gesprochen, hast du deine Seele dem Teufel überlassen... weg mit dir!»

Rago ist sehr betrübt, aber verliert den Mut nicht, und auch Pater Pio läßt ihn nicht mehr aus den Augen. Er erscheint ihm im Traum, er läßt ihn seinen charakteristischen Duft verspüren, er hilft ihm geistigerweise und setzt ihn schließlich in Kontakt mit einem würdigen Redemptoristenpriesters in Pagani (Salerno). Zu diesem geht er und legt eine vollständige Beichte aller seiner Sünden ab. Von diesem Augenblick an fügt sich Rago vollkommen in die Kirche und in die religiöse Praxis ein, er findet zur Versöhnung mit sich selbst, mit seiner Familie und den anderen. Aber er will sich auch mit Pater Pio aussöhnen und fährt daher zu ihm nach San Giovanni Rotondo, wo er ihm sagt: «Pater, letztes Mal haben Sie mich weggeschickt...» Und Pater Pio: «Na, und habe ich dir jetzt irgend etwas gesagt, mein Sohn...?» Und so begann eine innere geistige Beziehung zu ihm, die sich auch auf alle jene ausdehnte, zu denen er über sein Abenteuer und über Pater Pio selbst sprechen konnte.

In die Falle gegangen

In Genua gab es einen Geschäftsmann, der nach Foggia fahren mußte, um über eine Lieferung Öl zu verhandeln. Einer seiner Freunde, der von ihm wußte, daß er aller Religionsausübung ferne stand, wollte ihm eine Falle stellen. Er übergab ihm einen Brief, den er ihn bat, in San Giovanni Rotondo dem Pater Pio zu übergeben. Er dachte, für ihn auf diese Weise die Gelegenheit zu einer Begegnug mit ihm zu schaffen. Der Geschäftsmann nahm diesen Auftrag an, und reiste mit dem Brief ab. In Foggia stieg er dann in den Autobus nach San Giovanni Rotondo um. Müde von der langen Reise wünschte er sich nichts, als das so schnell wie möglich zu erledigen. Darum gab er seinen Brief im Kloster ab und sagte, daß er sogleich die Antwort haben müsse, weil er wieder abreisen müsse. Man sagte ihm, er möge in die Sakristei gehen und dort warten. Pater Pio würde herunter kommen und ihm die Antwort geben. Der Geschäftsmann geht in die Sakristei, wartet ein wenig und beginnt dann, Zeichen seiner Ungeduld zu geben. Endlich erscheint Pater Pio, der auf ihn keinerlei Eindruck macht. Aber Pater Pio blickt ihn scharf an, tritt auf ihn zu und fragt: «Und du, was willst du?» Der Geschäftsmann antwortet, daß er auf die Antwort auf den Brief warte, der ihm mitgegeben worden war. Darauf Pater Pio: «Ja gut, der Brief! Aber du? Willst du beichten?» Der Geschäftsmann antwortet, daß er seit langer Zeit alle religiöse Praxis aufgegeben habe. Und Pater Pio stößt nach: «Seit wie langer Zeit hast du nicht mehr gebeichtet?» Der Mann: «Seit ich sieben Jahre alt war.» Und Pater Pio, indem er ihn durchdringend anblickt: «Wann also willst du endlich diesen abscheulichen Lebenswandel aufgeben?» Da wird sich der Geschäftsmann blitzartig seines ganzen Lebens fern von Gott bewußt, bereut, beichtet, und gewinnt eine neue Freude am Leben und er, der aus

Nachgiebigkeit einem Freund gegenüber gekommen war und alles schnell erledigen und wieder wegfahren wollte, ist nun von Pater Pio fasziniert und bleibt nicht nur einen Tag, sondern eine ganze Woche in San Giovanni Rotondo, hört die Messe und empfängt die Kommunion von ihm. Die Falle des Freundes hatte perfekt funktioniert.

Eine Kettenreaktion von Bekehrungen

Frau Luisa Vairo aus London kam im September 1925 nach San Giovanni Rotondo und erzählte vielen hier anwesenden Zeugen ihre Bekehrung und die Bekehrungen anderer, die mit der ihren zusammenhingen.

Diese Frau hatte lange Zeit fern von jedem religiösen Sinn des Lebens und in unausgesetzter Suche nach Vergnügungen gelebt, ohne jedoch jemals die volle Befriedigung zu erreichen. In diesem Spannungszustand wurde sie durch ein Faktum erschüttert: Die Bekehrung eines lieben Freundes durch das Wirken Pater Pios. Die Schilderung seiner Konversion und der Figur von Pater Pio, die dieser ihr gab, beeindruckte sie derart, daß in ihr der lebhafte Wunsch entstand, diesen berühmten Mönch vom Gargano kennenzulernen. Und so begab sie sich eines Tages auf die Reise, um ihn zu besuchen. Bei ihrer Ankunft in San Giovanni Rotondo wurde sie durch den Anblick sowohl des Dorfes als auch des Klosters ganz eigentümlich erschüttert. Zu dieser Zeit befanden sich Dorf und Kloster noch in einer öden Verlassenheit, die heute nur mehr schwer vorstellbar ist, nach all den Veränderungen, die sie mittlerweile erfahren haben. Frau Vairo, die sich in den vielen Londoner Salons zuhause fühlte, empfand einen schmerzhaften Kontrast, der mit einem tiefen Ekel verbunden war. Ihr erster Gedanke war, so schnell wie möglich wieder abzureisen. Gleichzeitig entstand in ihrem Inneren etwas ganz Neues: Sie fühlte sich zur Einfachheit, zur Heiterkeit und Süße der Umgebung hingeneigt. Jedoch flößte ihr der Gedanke große Furcht ein, einem Frater zu begegnen, der im Schmerz der Stigmen lebte, der alles wußte und sah. Der Vergleich ihrer Welt der Vergnügungen mit dieser geheimnisvollen Welt löste in ihr einen unbezwingbaren Strom von Tränen aus. Die Leute rundherum in der Klosterkirche waren sehr beeindruckt. Als dann Pater Pio erschien, drängte sie sich hinzu, und dieser sagte, als hätte er seit immer schon die Geschichte ihrer Seele gekannt: «Beruhigen Sie sich, Signora, beruhigen Sie sich! Die Barmherzigkeit Gottes ist unendlich. Jesus ist auf dem Kreuz für die Sünder gestorben.» Frau Vairo sagte sofort: «Ich möchte beichten, Pater.» Und Pater Pio: «Beruhigen Sie sich, dies ist nicht der Moment.» Darauf Frau Vairo: «Aber ich werde nicht wissen, was ich sagen soll, was mache ich nur?» Der Pater: «Kommen Sie um drei Uhr am Nachmittag wieder, und ich werde Ihnen die Beichte abnehmen. Stärken Sie sich jetzt ein wenig, dann kommen Sie zu mir. Wenn Sie nicht sprechen, werde ich sprechen.»

Die Frau tat, was ihr der Pater gesagt hatte, aber in der Verwirrung und Aufregung, in der sie sich befand, gelang es ihr nicht, sich auf die Beichte vorzubereiten. Als sie zum Pater zurückkehrte, übernahm dieser die Initiative und zählte ihr alle ihre Sünden so genau auf, in Zeit, Ort und Umständen, daß die Frau ganz verblüfft war. Pater Pio jedoch hatte eine Sünde zu sagen ausgelassen und fragte dann: «Erinnern Sie sich an nichts anderes mehr?» Die Frau erinnerte sich ganz gut dieser Sünde, die der Pater ausgelassen hatte und war für einen Augenblick unschlüssig, ob sie sie sagen sollte oder nicht. Dann entschloß sie sich und sagte sie. Da rief Pater Pio ganz freudestrahlend aus: «Endlich! Wie lange habe ich darauf gewartet!» Und dann sprach er sie von allen ihren Sünden los.

Und Frau Vairo, jetzt, da sie sich eine andere fühlte, ganz gereinigt wie sie war, wollte nicht nur für den Moment San Giovanni nicht verlassen, weil sie noch in der Nähe dessen bleiben wollte, der sie vor einem tiefen Abgrund errettet hatte, sondern wollte sich auch eine harte Buße auferlegen, um ihre Vergangenheit zu sühnen. Eines Tages wollte sie barfuß von ihrer Unterkunft bis zum Kloster gehen, während ein kalter mit Schnee vermischter Regen fiel. Sie erreichte das Kloster vollkommen durchnäßt und mit blutenden Füßen. Als Pater Pio sie so zugerichtet sah, sagte er, daß sie eine zu große Buße auf sich genommen hätte und fügte hinzu, indem er ihr eine Hand auf die Schulter legte: «Aber dieses Wasser macht überhaupt nicht naß!», und im selben Augenblick war das Gewand der Signora Vairo wieder vollständig trocken.

Aber die Geschichte ist hier noch nicht zu Ende. Diese Dame hatte einen Sohn, der genauso wie sie zuvor der Kirche und der Religionsausübung ferne stand. Im Feuer ihres neuen Lebens schrieb sie an ihren Sohn und berichtete von ihrer Bekehrung, sprach voll Enthusiasmus über Pater Pio und lud ihn ein, ebenfalls nach San Giovanni Rotondo zu kommen. Aber der Sohn wollte davon nichts wissen und antwortete, daß er niemals, nicht einmal aus Neugierde, nach San Giovanni käme. Pater Pio ermunterte sie, im Gebet für ihren Sohn auszuharren: Eines Tages würde auch er sich bekehren.

Nun las die Dame eines Tages in der Zeitung eines befreundeten Franzosen, der zu ihr zu Besuch gekommen war, daß das Schiff, auf dem sich ihr Sohn befunden hatte, Schiffbruch erlitten hätte und viele Passagiere ertrunken seien. Sie fürchtete nun, daß unter diesen Ertrunkenen auch ihr Sohn wäre, und begann zu schreien und zu verzweifeln. Sie ging zu Pater Pio und als dieser von der Ursache ihrer Verzweiflung erfahren hatte, sagte er: «Wer hat dir gesagt, daß dein Sohn tot ist, daß du so verzweifelt sein mußt?» — Und die Signora: «Und wer sagt mir, daß er lebt?» Pater Pio versenkte sich ins Gebet und danach sagte er: «Danke Gott, dein Sohn lebt und befindet sich dort und dort.» Er gab genau den Ort an, an dem er sich befand. Die Frau schrieb sofort an die Adresse, die ihr Pater Pio gegeben hatte, aber gleichzeitig schrieb der Sohn seiner Mutter, um ihr die Nachricht von seiner Rettung zu geben. Die zwei Briefe kreuzten sich und der Sohn war sehr verwundert, daß die Mutter schon gewußt hatte, wo er sich befand. Dieser Umstand machte ihn nun doch so neugierig, daß er beschloß, nach San Giovanni Rotondo zu reisen, um sich selbst darüber Klarheit zu schaffen, wie die Dinge sich ereignet hatten. Die Mutter bat ihn, sobald er angekommen war, nüchtern zu bleiben, um eine Beichte ablegen und kommunizieren zu können. Der Junge versprach dies, begab sich dann aber unter einem Vorwand auf den Markt, von wo er sogleich zurückkommen wollte. Er kaufte sich dort zwei Eier, die er trank, und dann eine Weintraube, die er aß. Dann traf er mit der Mutter in der Sakristei der Klosterkirche zusammen, und als Pater Pio kam, sagte sie: «Pater, das ist mein Sohn, von dem ich Ihnen gesprochen hatte.» Pater Pio darauf, indem er ihn etwas ironisch anblickte: «Dieser Schelm, dieser kleine Lügner», und zur Mutter: «Und du Arme glaubst, daß er nüchtern ist?» Der Junge fühlte sich verpflichtet, dazwischen zu treten und sagte: «Warum behandeln Sie mich so, wo Sie mich gar nicht kennen!» Und Pater Pio: «Willst du noch darauf bestehen, daß du nüchtern bist... und die Eier... und die frische Weintraube, die du gegessen hast?» Da gab sich der junge Mann geschlagen und rief aus: «Pater, verzeihen Sie... ich glaube!»

Und so hatte sich auch er bekehrt.

Im Traum berufen

Ein junger Ingenieur aus Bologna, der schon seit geraumer Zeit nicht mehr christlich lebte, träumte eines nachts von Pater Pio, der ihn lange und durchdringend anblickte, und zu ihm diese Worte sagte, ehe er wieder verschwand: «Du Glücklicher, daß du meinem Blick standgehalten hast!»

Der Ingenieur wußte nicht, wer Pater Pio war, denn er hatte ihn weder jemals gesehen, noch hatte er von ihm sprechen gehört. Dieser Traum weckte jedoch seine Neugierde, und er versuchte daher, etwas über ihn zu erfahren. Eines Tages hörte er jemanden über ihn sprechen und sogleich entstanden in seinem Inneren zwei Gefühle: Auf der einen Seite der lebhafte Wunsch, ihn kennenzulernen und auf der anderen Seite ein ungewöhnliches Erwachen seines Gewissens. Er hätte gerne etwas getan, um diese Situation zu bereinigen, aber er fühlte keine ausreichende Willenskraft dafür. So besänftigte er sich Tag um Tag in seiner Trägheit und ließ gute acht Jahre verstreichen.

Aus dieser Stumpfheit wurde er durch ein Ereignis aufgerüttelt: ein Erdbeben, das Bologna erschütterte. Nun wollte er zu Pater Pio gehen und nahm den Zug nach San Giovanni Rotondo, aber nach wenigen Kilometern fühlte er sich unerklärlicherweise ganz schlecht und war gezwungen, zurückzukehren. Er wollte den Zwischenfall dadurch ausgleichen, daß er Pater Pio einen Brief schrieb, und dieser ließ ihm durch einen Mitbruder antworten und sagen, daß er Geduld haben, beten und gute Werke tun solle, dann würde schon sein Moment kommen.

Einige Zeit später, nachdem er einige Informationen von geistigen Kindern des Pater Pio erhalten hatte, fuhr er nach San Giovanni Rotondo. Hier angekommen, fand er jenen Kapuziner, der ihm im Namen Pater Pios geschrieben hatte und bat ihn, er möge ihn diesem vorstellen. Der Kapuzinerpater machte sich auf die Suche nach Pater Pio und nach einiger Zeit führte er ihn in ein Zimmer, das als Empfangsraum diente. Er öffnete ihm die Türe, ließ den Ingenieur eintreten, schloß sie wieder und ging weg. Wie groß war die Überraschung des Ingenieurs, als er sich dann Pater Pio gegenüber fand, in der gleichen Position wie er ihn vor acht Jahren im Traum gesehen hatte! Er fiel auf die Knie und konnte nur unter Tränen stammeln: «Pater, den Ruf eurer Heiligkeit kenne ich seit acht Jahren.» Und Pater Pio: «Und was hat er dir genützt? Du hast dich in deiner schmutzigen Bequemlichkeit nicht stören lassen. Ändere dein Leben, mein Sohn!» Dieses Mal nahm der Ingenieur sofort die entschiedene Einladung des Paters an, er legte bei ihm eine Beichte ab, bekam die Absolution und kehrte dann nach Bologna zurück, wo er vollkommen verändert seinen Verwandten und Freunden erzählte, was sich mit ihm ereignet hatte.

Rückkehr eines verlorenen Künstlers

Professor Felice Checcacci aus Genua war ein bekannter Schriftsteller und Komponist, aber vom christlichen Standpunkt aus gesehen war er ein Verlorener, denn da er über vierzig Jahre in Asien gelebt hatte, hatte er seine christliche Identität verloren, da er sich anderen Kulten hingab und schließlich so weit gelangte, das Christentum für eine Abzweigung des Brahmanismus und Buddismus zu halten.

Nach Italien zurückgekehrt, hatte er Gelegenheit, das Buch über Pater Pio von Alberto Del Fante «Dal Dubbio alla Fede» (Vom Zweifel zum Glauben) in die Hände zu bekommen, sowie in der Folge auch dessen zweites Buch «Per la Storia» (Zur Geschichte). Die Lektüre dieser beiden Bücher hinterließ einen tiefen Eindruck auf ihn. Eines nachts träumte er von Pater Pio, der zu ihm sagte: «Komm mich besuchen!» Er aber gab diesem Traum keinerlei Bedeutung. Jedoch nach zwei oder drei Monaten erschien ihm Pater Pio neuerlich im Traum und sagte zu ihm: «Ich habe dich erwartet, aber du bist nicht gekommen.» Aber auch dieses Zeichen blieb von Professor Checcacci unbeachtet.

Nach einiger Zeit sah er in einer schlaflosen Nacht Pater Pio sein Schlafzimmer betreten und hörte ihn sagen, während er ganz nahe auf ihn zugekommen war: «Wenn du nicht kommen kannst, so schreibe.» Checcacci hatte nicht den geringsten Zweifel, daß es sich um Pater Pio handelte. Er sah ihn, er hörte ihn sprechen und hatte eine schreckliche Angst. Er erhob sich aus dem Bett, um zu Pater Pio hinzutreten, um mit ihm zu sprechen, aber dieser war schon entschwunden.

Am Morgen danach schrieb er an Pater Pio und bat ihn um Frieden des Geistes. Nach zwei Tagen, als er sich nachmittags alleine befand, fühlte er sich plötzlich in seiner ganzen Person erschüttert und hörte zugleich in seinem Inneren eine Stimme, die zu ihm sagte: «Über den Glauben diskutiert man nicht. Entweder nimmst du ihn mit geschlossenen Augen an oder du verwirfst ihn. Es gibt keinen Mittelweg. Du hast die Wahl!» In seiner Seele wurde es plötzlich ganz hell, und er kehrte zum Glauben zurück und lebte danach in voller Heiterkeit des Geistes, wovon er ein sicheres und sichtbares Zeugnis ablegte.

Der fastende Bauer

In San Martino in Pensilis (Campobasso) lebte ein Bauer, der sich Andrea Bacile nannte. Dieser Bauer setzte niemals einen Fuß in die Kirche, noch näherte er sich den Sakramenten, denn er sagte, er sei Atheist und brauche keine Religion. Er hatte Frau und Kinder, die er aufrichtig liebte und für die er mit Eifer sorgte. Mit der Frau verstand er sich nicht immer sehr gut. Eines Abends stritt er mit ihr derart, daß er sie stehen ließ und sich, nachdem er für sich und die Kinder das Abendbrot zubereitet hatte, mürrisch zu Bett legte. Noch hatte er nicht das Licht in seiner Kammer gelöscht, als vor ihm ganz plötzlich Pater Pio in Person erschien. Da er ihn auf sehr vielen Fotografien und Bildern gesehen hatte, fiel es ihm nicht schwer, ihn zu erkennen, und er sagte, ohne die Fassung zu verlieren: «Pater, ich will beichten.» Und Pater Pio darauf: «Nein!» Und verschwand damit.

Bacile versöhnte sich am folgenden Morgen wieder mit seiner Frau und machte sich auf den Weg, Pater Pio aufzusuchen, und legte den Weg von San Martino bis San Giovanni Rotondo zu Fuß zurück und ohne Nahrung zu sich zu nehmen.

Er erreichte das Kloster San Giovanni am Abend des dritten Tages, erschöpft und hungrig, wollte aber sofort bei Pater Pio beichten, welcher ihn auch empfing, ihm die Beichte abnahm und die Absolution erteilte und zu ihm sagte, ohne jemals ein Wort über ihn gehört zu haben: «Und jetzt geh essen!»

Es gab einen Grund für diese Härte

Eine englische Dame war nach San Giovanni Rotondo gekommen, um bei Pater Pio zu beichten. Dieser jedoch, sobald er sie am Gitter der Beichtstuhles erblickte, schlug ihr das Türchen heftig vor der Nase zu und sagte: «Für dich habe ich keine Zeit!» Man kann sich das Erstaunen dieser Frau und aller, die dieser Szene beigewohnt hatten, vorstellen. Man fragte sich: Wie ist es möglich, daß Pater Pio diese Büßerin derartig behandelt...?! Einige seiner geistigen Kinder betrachteten es als ihre Pflicht, zu ihm zu gehen und ihm zu erklären, daß diese Frau von weit gekommen war, um bei ihm die Beichte abzulegen, und ihn zu bitten, daß er ihr willfahren möge. Aber Pater Pio stellte sich taub. Und so ging es zwanzig Tage lang dahin: Die Frau kam zum Beichtstuhl und Pater Pio wies sie ab. Schließlich entschloß er sich doch, ihre Beichte zu hören, sagte jedoch zu ihr, die sich über die lange Wartezeit beklagte: «Du arme Blinde, statt dich über meine Strenge zu beklagen, solltest du dich fragen, wie es möglich ist, daß die Barmherzigkeit Gottes dich nach so vielen Jahren voller Sakrilege noch annehmen kann! Weißt du, daß das, was du getan hast, furchtbar ist? Wer ein Sakrileg begeht, ißt seine eigene Verdammung und ohne eine ganz besondere Gnade, die von Seelen erworben wird, die Gott ganz nahe sind, ist es unmöglich, sich zu retten. Bist du nicht, um den Schein deines Ansehens zu wahren, Jahre um Jahre an der Seite deiner Mutter und deines Gatten zur heiligen Kommunion gegangen, obwohl du in Todsünde warst?» Diese wundervolle Enthüllung von seiten des Pater Pio erschütterte diese Frau zutiefst, sie bereute ihre ganze Vergangenheit, legte eine Beichte ab, erhielt endlich die Absolution und veränderte ihr Leben vollkommen, indem sie sich einer intensiv christlichen Lebensführung widmete, welche eine würdige Wiedergutmachung alles dessen sein sollte, was sie bis dahin getan hatte.

Ich hatte die Absicht, einen Mord zu begehen, aber...

Eines Tages erschien bei Pater Pio einer, der zu einer jener Banden von Kriminellen gehörte, die, wenn sie sich entschlossen hatten, ein Ding zu drehen, dieses ohne Rücksicht auf irgend jemanden oder irgend etwas mit Berechnung, Kälte und Präzision auch zu Ende bringen. Dieser wollte sich seiner Frau entledigen, wollte es aber auf eine Art machen, daß er nicht in das Verbrechen verwickelt, sondern von einem Motiv des Mitleides geschützt würde. So überredete er seine Frau unter dem Vorwand, Pater Pio zu besuchen, eine Reise nach San Giovanni Rotondo zu machen, wo er vorhatte, sie auf diabolische Weise zu beseitigen. Nun, in San Giovanni angekommen, ging er in die Kirche der Kapuziner und betrat die Sakristei. In diesem Moment befand sich Pater Pio im Gespräch mit einigen Personen, aber sobald er ihn erblickt hatte, entfernte er sich plötzlich von diesen, ging auf ihn zu, faßte ihn am Arm und schrie ihm ins Gesicht, indem er ihn heftig zur Türe hinausdrängte: «Weg! Weg! Weg! Weißt du nicht, daß es verboten ist, daß du deine Hände mit Blut befleckst? Hinweg mit dir!» Der Unglückselige, außer sich vor Verblüffung und Wut, stürzte aus der Kirche hinaus, unter der Fassungslosigkeit aller jener, die dieser Szene beigewohnt hatten. Jedoch waren die Worte und die entschiedene Geste von Pater Pio dermaßen tief in seine Seele eingedrungen, daß er die ganze Nacht kein Auge zutat. In dieser Verfassung kam ihm der Zustand seines Gewissens zum Bewußtsein, er verstand mit einemmale den ganzen Schrecken seiner Sünden, und die Gnade berührte sein Herz. Am nächsten Morgen war er schon ein anderer Mensch. Er eilte zum Kloster und suchte Pater Pio auf, der ihn diesmal mit großer Zärtlichkeit aufnahm, ihm die Beichte abnahm und ihm die Absolution erteilte. Und dann, zum Abschluß, bevor er wieder abreiste, sagte er ihm: «Du hast dir immer Kinder gewünscht, nicht wahr?» Donnerwetter! Pater Pio wußte auch das...?! Es blieb ihm nichts übrig, als ja zu sagen. Und so fügte Pater Pio hinzu: «Also gut, beleidige Gott nicht mehr, und dir wird ein Sohn geboren werden.» Und tatsächlich, ein Jahr danach kehrte er zu Pater Pio zurück, sowohl, um die Taufe des Sohnes zu feiern, der ihm geboren worden war, als auch um seine Bekehrung zu festigen.

4.

Ein Blick,
der alles durchdringt

Viele Menschen, die Pater Pio näher gekommen waren, waren verwirrt und wie vom Blitz getroffen von den Enthüllungen, die er äußerst präzise über bestimmte Perioden ihres Lebens machte, seien sie aus Vergangenheit oder Gegenwart. Bisweilen drang er auch in die Zukunft einzelner Personen ein und enthüllte ihnen, was sich erreignen würde und sich dann tatsächlich ereignete. Sehr viele erklärten, daß er in ihrem Leben wie in einem offenen Buch lese. Wie sind diese außerordentlichen Fakten zu erklären?

Ich denke, daß in diesen Fällen, wenn eine Person vor Pater Pio stand, der Herr diese mit seinem mächtigen Licht anstrahlte, sodaß er sie in ihren kleinsten Einzelheiten wahrnehmen konnte. Und dies diente ihm dazu, seine geistige Behandlungskur der Seelen darauf abzustimmen, so wie ihn dies seinem Gewissen nach richtig erschien. Und übrigens sagte auch Pater Pio eines Tages zu einem seiner Mitbrüder, daß er die Seelen so behandle, wie sie ihn der Herr sehen lasse. Ich will hier einige «Fioretti» von dieser Art wiedergeben. Andere sind schon erzählt worden im Zusammenhang mit der Bekehrung verschiedener Personen.

Wie die Seite eines Tagebuches

Ein Priester hatte eine lange Reise unternommen, um bei Pater Pio eine Beichte abzulegen. In Bologna mußte er umsteigen und lange Stunden auf seinen Anschlußzug warten. In der Zwischenzeit ging er in ein Hotel und warf sich auf ein Bett, um sich von der großen Müdigkeit auszuruhen, die sich in ihm angesammelt hatte.

Der Schlaf hatte ihn aber derartig überwältigt, daß er erst um drei Uhr nachmittags wieder erwachte. Die Folge war, daß er nicht in die Kirche gehen konnte, um zu zelebrieren, denn damals war es noch üblich, daß man nur am Morgen die heilige Messe las. Ein unabsichtliches Versäumnis, dem er weiter keine Bedeutung beimaß. Nicht so jedoch dachte Pater Pio. Denn in der Tat, als jener zu ihm gekommen war, sagte er zu ihm, nachdem er seine Beichte gehört und ihm die Absolution gespendet hatte, und ihn verabschiedete:

«Mein Sohn, erinnerst du dich an nichts anderes?»

Der Priester: «Nichts, mein Vater.»

Und Pater Pio: «Sehen wir nach, such' ein wenig...»

Aber wie sehr der Priester auch suchte, er fand nichts mehr. Nun, da sagte Pater Pio: «Mein Sohn, gestern früh bist du um fünf Uhr in Bologna angekommen. Die Kirchen waren geschlossen. Anstatt zu warten, bist du in ein Hotel gegangen, um dich vor der Messe ein wenig auszuruhen. Du hast dich auf dem Bett ausgestreckt und bist so tief eingeschlafen, daß du nicht vor drei Uhr nachmittags aufgewacht bist, wo es natürlich zum Zelebrieren schon zu spät war. Ich weiß, du hast es nicht aus böser Absicht gemacht, aber es war eine Nachlässigkeit, die unseren Herrn verletzt hat.»

Pater Pio hatte seine Hellsichtigkeit benützt und hatte diesem Priester wie aus dem Tagebuch des Vortages vorgelesen, weil er die Wichtigkeit der Messe unterstreichen wollte, die er ihr im Leben eines Priesters beimaß.

Nenne ihn Pio! Nenne ihn Francesco!

Ein Wachtmeister der Carabinieri hatte nur wenig Sympathien für Pater Pio. Er hatte sich ein oberflächliches Bild über ihn zurechtgemacht, und wenn er über ihn sprach, versäumte er nie, ihn zu verleumden. Eines Tages jedoch wollte er sich aufmachen, um ihn persönlich kennenzulernen. Er fuhr nach San Giovanni Rotondo und stellte sich ihm vor. Als Pater Pio seiner ansichtig wurde, sagte er ganz unvermittelt: «Warum erzählst du all diese Märchen über mich, wenn du mich noch niemals gesehen hast? Zuerst schau und dann rede!» Der Wachtmeister veränderte angesichts der Wirklichkeit der Person des Pater Pio seine Haltung ihm gegenüber von Grund auf und wurde zu dessen geistigem Sohne.

Eines Tages kam er zu ihm und sagte: «Pater, meine Frau ist schwanger! Welchen Namen sollen wir dem Kind geben?» Und Pater Pio: «Nenne ihn Pio.» Der Wachtmeister: «Und wenn es ein Mädchen ist?» Darauf Pater Pio mit Bestimmtheit: «Nenne ihn Pio, habe ich gesagt!» Und es war ein Junge und man nannte ihn Pio.

Zwei Jahre später erschien der gleiche Wachtmeister wieder bei Pater Pio und sagte, daß seine Frau neuerlich guter Hoffnung sei. Welchen Namen sollte er nun dem Kind geben? Pater Pio antwortete ihm: «Nenne ihn Francesco.» Und der Wachtmeister sagte: «Aber Pater, einmal ist es gut gegangen, aber man arbeitet nicht in Serie und es könnte ja ein Mädchen werden...» Darauf Pater Pio: «Du bist ein Mann von wenig Glauben!» Die Frau gebar einen Knaben, und man nannte ihn Francesco.

Der ist ja verrückt!

Ein mir befreundeter Arzt befand sich vor Jahren einmal gemeinsam mit dem berühmten Schauspieler Carlo Campanini und einem Veterinärarzt bei Pater Pio, welcher zu dem einen sagte, er solle seinen Sohn ins Irrenhaus bringen; zum zweiten, welcher ihm ein Röntgenbild zeigte, aus dem hervorging, daß sein Sohn einen Gehirntumor hätte, er solle ihn nur ruhig nach Bologna bringen, denn in Wahrheit hätte er gar nichts. Die Aussagen Pater Pios erwiesen sich zu ihrer Zeit dann als richtig, aber meinem Freund, dem Arzt, erschienen sie unüberlegt und er dachte bei sich: «Der ist ja verrückt!» Seine Überzeugung verstärkte sich noch, als sich Pater Pio sodann ihm zuwandte und ihm die Hand auf das Haupt legte und sagte: «Du bist vergeßlich!» Da sagte er zu sich selbst: «Aber der ist wirklich verrückt!» Er hatte ja in der Tat das Bewußtsein, ein eisernes Gedächtnis zu besitzen, weil er in der Lage war, sich im Augenblick auch die ausgefallensten Namen von Medikamenten zu merken, und darum erschien es ihm als Sonderbarkeit eines Verrückten, sich als «vergeßlich» bezeichnen zu hören.

Doch als er vom Besuch des Pater Pio wegging, erinnerte er sich, daß er zuvor in einer nahen Bar gewesen war, um einen Kaffee zu trinken. Da er kein Kleingeld besaß, hatte er dem Kellner an der Bar zehntausend Lire gegeben. Der Kellner hatte ihm den Rest auf den Tresen gelegt, er jedoch hatte vergessen, ihn an sich zu nehmen. Darum kehrte er dann zur Bar zurück und verlangte den Rest, den er zuvor nicht genommen hatte. Der Kellner aber spielte den Ahnungslosen: Er habe ihm den Rest gegeben und damit basta. Mein Freund erklärte ihm, daß er vergessen habe, ihn zu nehmen, aber da war nichts zu machen. Daher kam er bei sich dann zu dem Schluß: «Der Verrückte ist nicht Pater Pio, der mich zu Recht vergeßlich genannt hat, sondern ich, der ich schließlich für einen Kaffee zehntausend Lire bezahlte, der nur dreißig wert war!»

Ein Mißverständnis, das fünfzig Jahre dauerte

Einer der ersten Fotografen des Pater Pio hieß Modesto Vinelli. Er hatte einige Fotos aufgenommen in den ersten Zeiten, als Pater Pio die Stigmen empfangen hatte. Er hatte davon Kopien angefertigt und war damit herumgezogen, sie zu verkaufen, um Pater Pio bekanntzumachen.

Eines Tages gelangte er nach Rodi Garganico und stieß auf einen Mann, der von Pater Pio absolut nichts wissen wollte. Es entstand ein Disput, der in Gewalttätigkeit ausartete. Vinelli verteidigte Pater Pio und jener andere schmähte ihn mit derben Schimpfwörtern und Flüchen. An einem bestimmten Punkt ließ sich Vinelli vom Zorn hinreißen und mißhandelte seinen Widerpart mit Fußtritten und Faustschlägen, sodaß er Verletzungen davontrug. Er wurde darum verhaftet und vierzig Tage eingesperrt.

Als er entlassen wurde, fuhr er sogleich zu Pater Pio, zu dem er sagte: «Pater, ihretwegen war ich im Gefängnis.» Und Pater Pio: «Meinetwegen...? Was hast du getan?» Vinelli erzählte ihm, was in Rodi Garganico vorgefallen war. Darauf erwiderte ihm Pater Pio, daß er mit denen, die nicht so dächten wie er, Geduld haben und auf jeden Fall die Hände ruhig halten müsse. Dann fügte er noch hinzu: «Modesto, denk daran, wir haben fünfzig Jahre vor uns.» Was wollte Pater Pio mit diesen Worten sagen? Wahrscheinlich dies: Man muß Geduld haben mit denen, die nicht so denken wie wir. Die Fakten werden es übernehmen, aufzuzeigen, wo die Wahrheit liegt, und dafür haben wir vor uns noch fünfzig Jahre Zeit. Vinelli jedoch verstand diesen Sinn der Worte des Pater Pio nicht. Er verstand sie in dem Sinn, daß ihm noch fünfzig Jahre zu leben blieben.

Er begab sich daher jedes Jahr am 20. September zu Pater Pio, um ihm seine Glückwünsche darzubringen anläßlich der Wiederkehr des Tages, an dem er die Stigmen empfangen hatte. Und nach und nach, da die Jahre vergingen, hörte er ihn sagen, wieviel Zeit noch verbliebe. Als fünfundzwanzig Jahre vergangen waren seit jenem Datum, kam Vinelli wie üblich zu Pater Pio und dieser sagte: «Modesto, es sind fünfundzwanzig Jahre vergangen!» Vinelli tröstete sich halbwegs, denn wenn es wahr war, daß fünfundzwanzig Jahre vergangen waren, so war es andererseits auch wahr, daß ihm noch weitere fünfundzwanzig verblieben. Und er begann, sich irgendwie Sorgen zu machen, und die Sorgen wuchsen, je mehr Jahre vergingen.

So kam der 20. September 1968 heran, zwei Tage vor dem Tod des Pater Pio. Vinelli stieg zu ihm hinauf und hörte ihn diesmal sagen: «Modesto, die fünfzig Jahre sind vergangen!» Beinahe hätte Vinelli der Schlag getroffen, denn er glaubte, daß Pater Pio

zu ihm sagte, daß er nun sterben müsse. Seine Erschütterung
war so stark, daß er sich stützen mußte, um nicht zu Boden zu
stürzen. Jemand jedoch versuchte ihm klar zu machen, daß Pater Pio von seinem eigenen Tod spreche, den er unmittelbar vor
sich sehe, und nicht von seinem. Tatsächlich verstarb Pater Pio
in der Nacht vom 22. zum 23. September 1968. Nun fand Vinelli trotz des Schmerzes wegen des Verlustes von Pater Pio zu
sich zurück und durchschaute endlich das Mißverständnis, das
fünfzig Jahre gedauert hatte. Er lebte danach noch weitere fünfzehn Jahre und verstarb am 2. März 1983.

Scherza coi fanti e non coi santi

(Sprichwort: Spiele mit den Buben — Figuren des Kartenspieles — und nicht mit den Heiligen.)

Professor Bruno Rabajotti erzählt, daß eine Gruppe, die aus zwei Laien, einem Mönch des Klosters San Giovanni Rotondo, sowie einem Priester bestand, die Absicht hatte, Pater Pio einen bösen Streich zu spielen. Sie überredeten einen etwa fünfunddreißigjährigen Mann, einen Gelähmten zu fingieren. Sie begaben sich alle gemeinsam in das Parlatorium des Konventes und warteten auf Pater Pio, um die Kommödie des um Heilung bittenden Kranken zu inszenieren. Es war ein Freitag, der Tag ganz besonderer Leiden des Pater Pio, an welchem er heftiger als gewöhnlich an den Folgen der Stigmatisierung litt; so stark, daß er manchmal nicht einmal herabkommen konnte, die Messe zu lesen oder die Beichte zu hören. Er wurde also ins Parlatorium gerufen und schleppte sich mit besonderer Schwierigkeit dorthin. Auf der Türschwelle jedoch heftete sich sofort sein Blick auf den anscheinend Gelähmten und nach einem Augenblick entehrte er ihn mit diesen Worten: «Du bist hier, um zu sagen, daß du krank bist, und du bist tatsächlich krank, in der Seele, du hast so schwere Verletzungen, daß du selbst es dir nicht vorstellen kannst. Wisse, daß man mit den Schmerzen keinen Scherz treiben kann, denn Gott läßt das nicht zu. Das Leiden, das du heute darstellen wolltest, hat heute deine Familie getroffen. Du hast das Unglück gerufen, du hast den Schmerz gewollt.» Nach diesen Worten blickte er ihn noch einige Sekunden an und ging weg.

Der vorgeblich Gelähmte war von den Worten des Pater Pio tief beeindruckt und lief sofort nach Hause, wo er erfuhr, daß sein Bruder gerade an diesem Tag von einem Auto niedergefahren worden war. Mit der Rettung ins Spital gebracht, wurde ihm sofort alle Hilfe geleistet, aber für seine Beine konnten die Arzte nichts machen, sie waren so schwer verletzt, daß sie für immer gelähmt bleiben würden.

Am Sonntag danach hielt man im Konvent eine akademische Unterhaltung ab, der auch Pater Pio beiwohnte. Als sie beendet war, erhob sich Pater Pio um zu gehen. In diesem Augenblick stürmte durch die Menge jener vorgeblich Gelähmte auf ihn zu, um sich ihm zu Füßen zu werfen und auszurufen: «Pater, Verzeihung, ich habe gesündigt, aber mein Bruder hat keine Schuld, mach, daß er wieder gesund wird! Mit mir geschehe, das, was Gott will.» Darauf Pater Pio: «Nicht mich darfst du um Verzeihung bitten, sondern den Priester, der mit dir und mit sich selbst einverstanden war. Und bete, mache dich würdig für das, worum du bittest, so wie du würdig warst für das, was du erhalten hast.»

Eine Woche später sah Pater Pio, als er sich durch eine Menschenschlange zum Beichtstuhl begab, in einem Winkel jenen Mann knien und beten. Gewöhnlich bleibt Pater Pio in der Menschenmenge nicht stehen, aber diesmal hielt er einen Augenblick überrascht inne, ging hin zu jenem, legte ihm die Hände auf das Haupt und flüsterte ihm etwas ins Ohr. Später erfuhr man, daß der Bruder des vorgeblich Gelähmten auf wunderbare Weise geheilt worden war und er selbst einer der glühendsten geistigen Söhne Pater Pios wurde.

Es waren nicht die Bildchen, die dich zum Fluchen veranlaßt haben

Im Jahre 1926 führte ein Chauffeur aus San Severo (Foggia) Pilger nach Monte San Angelo, wo in einer zu einer Wallfahrtskirche umgestalteten Grotte seit Jahrhunderten der heilige Erzengel Michael verehrt wird.

Nachdem der Chauffeur, der ein geistiger Sohn von Pater Pio war, gemeinsam mit den Pilgern die Messe gehört hatte, begann er auf den Straßen des Städtchens herumzufahren. Er stieß auf eine Fabrik für knusprige Bäckereien, die die Spezialität jenes Ortes sind, und bestellte eine gewisse Menge, um sie später an die Pilger zu verteilen. Als er später wieder vorbeikam, um seine Bestellung abzuholen, bemerkte er, daß man ihm nur die Hälfte zubereitet hatte. Er ärgerte sich über diesen Zwischenfall und machte sich Luft mit einem häßlichen Fluch. Dann kehrte er zu den Pilgern zurück, ließ sie den Autobus besteigen und fuhr sie nach San Giovanni Rotondo, wo sie eine günstige Gelegenheit fanden, bei Pater Pio zu beichten. Als sie damit fertig waren, wandte sich dieser an den Chauffeur und fragte ihn: «Und du, mein Sohn, du bittest nichteinmal um einen Segen?» Der Chauffeur sagte, daß er nichts zu beichten habe und sich ganz in Ordnung fühle. Aber Pater Pio insistierte und brachte ihn dazu, eine Beichte abzulegen. Als er ihn fragte, was er getan hätte, antwortete der Chauffeur, daß er in Monte San Angelo mit den Pilgern die Messe gehört und danach kleine Bildchen gekauft habe. Und Pater Pio darauf: «Es waren nicht die Bildchen, die dich zum Fluchen gebracht haben, sondern jene Dinge, die man ißt.» Da erinnerte sich der Chauffeur des Fluches, den er vor der Keksfabrik ausgestoßen hatte. Und Pater Pio drängte weiter: «Lieber Sohn, du hast auch den Fuhrmann mißhandelt, der sich nicht auf der rechten Seite hielt.» Auch dies stimmte. Er bemerkte, daß Pater Pio seinem geistigen Sohn auch aus der Ferne gefolgt war, Zeuge war seiner gewissen Untaten und jetzt darauf drängte, seine Seele wieder zu reinigen, damit er in Frieden mit Gott sei, was der Chauffeur mit Bewegtheit und Dankbarkeit annahm.

Er ließ mich nicht reden

Diese und die folgende Episode sind mir selbst zugestoßen, und ich bin daher ihr direkter Zeuge.

Ich hatte seit einiger Zeit ein geistiges Problem, das mich bedrückte und das ich nicht lösen konnte, weil mir die Ursachen entglitten waren. Ich hatte zu niemandem davon gesprochen. Da sich eine günstige Gelegenheit bot, entschloß ich mich, mit Pater Pio bei einem der Besuche zu sprechen, die ich von Zeit zu Zeit bei ihm machte.

Ich hatte in San Giovanni Rotondo einen Freund, welcher mir seine Gastfreundschaft anbot und mir den Zutritt zu Pater Pio erleichterte, weil er bei den Kapuzinerpatres sehr bekannt war. Als ich zum Konvent kam, war schon Pater Venzano verständigt, der den Zutritt zu Pater Pio einteilte. Als er mich sah, wußte er schon, wer ich war, ließ mich in den Korridor eintreten und sagte: «Bleiben Sie hier, Pater Pio wird bald kommen, denn heute ist Freitag und da verliert er mehr Blut aus den Stigmen. Er ist nur in die Küche gegangen, um sich zu waschen.» Während ich ihn nun erwartete, wiederholte ich im stillen, was zu sagen ich mir vorbereitet hatte, um ihm meinen Fall in möglichst klaren Worten darzustellen. Nach ganz kurzer Zeit nun erschien Pater Pio am Ende des Korridors. Als er zu mir gekommen war, näherte er sich, ohne daß ich Zeit gehabt hätte, zu reden, meinem Ohr und sagte mir: «Die Ursache deiner Situation ist diese», und er faßte sie in einem Satz zusammen, den ich heute, nach fast dreißig Jahren noch genauso weiß, als hätte er ihn mir vor einer Minute gesagt. Ich war verwirrt und meine ganze kleine Rede, die ich halten wollte, wurde zunichte, denn jetzt brauchte ich sie nicht mehr. Er war direkt auf mein Problem losgegangen und hatte mit größter Genauigkeit seine Ursache getroffen. Nachdem Pater Pio mir diese Worte gesagt hatte, ging er ein paar Schritte weiter, dann kehrte er zurück und wiederholte meiner größeren Sicherheit zuliebe, diesen Satz, den er vorher gesagt hatte, und ging dann hinauf zu seiner Zelle. Auf der Treppe wendete er sich nocheinmal zu mir zurück und fragte mich: «Und wo wirst du morgen die Messe lesen?» Ich war noch ganz benommen und sagte nur: «Nun, ich weiß es nicht, Pater.» Darauf er: «Willst du sie nicht hier lesen?» Ich antwortete: «Ja, ja Pater, ich werde hierher kommen!» Und zum Abschluß sagte er: «Komm, komm hier her!» Dann stieg er die restlichen Treppen hinauf und verschwand im Korridor.

Als ich zu der Familie meines Freundes zurückkam, fragten mich alle, weil sie mich so gedankenvoll sahen: «Aber was haben Sie, Pater Cataneo?» Ich antwortete: «Heute hat Pater Pio in meiner Seele gelesen und ein Problem gelöst.» Darauf sagte sie mir: «Also ist es wahr, was man von Pater Pio erzählt. Sie müssen wissen, wir hier in San Giovanni Rotondo hören sehr vieles... Aber wenn sie es sagen, dann muß es wirklich wahr sein.» Ich antwortete: «Ihr könnt ganz sicher sein, es ist wirklich wahr. Ich habe einen unwiderlegbaren Beweis erlebt.»

Dieses geistige Leben...!

Es gab eine Periode, da durften Priester, die nicht in San Giovanni Rotondo wohnten, immer noch je fünf Laien zu Pater Pio zur Beichte kommen. Ich wollte mit Pater Pio über gewisse Dinge sprechen, aber ich bemerkte, daß es sehr viel schwerer war, ein privates Gespräch mit ihm zu bekommen, als in den ersten Zeiten, als ich zu ihm gekommen war. Diese Zeiten waren vorbei und rund um ihn war ein Gedränge entstanden, sodaß man den Zustrom der Besucher irgendwie regeln mußte. Darum dachte ich, daß es vielleicht das beste sei, zu ihm zur Beichte zu gehen, unter Ausnützung der Erleichterung, die man fremden Priestern in San Giovanni Rotondo gewährte, um so während der Beichte auch von den Dingen zu reden, die mir am Herzen lagen. Jedoch im Bewußtsein, daß so viele Menschen zu ihm gingen, die ihn vielleicht dringender als ich brauchten, und daß ich diesen die Zeit wegnehme, wollte ich mich so vorbereiten, daß ich, wenn die Reihe an mich gekommen wäre, schnell meine Sache erledigt hätte. Darum erforschte ich schon im

Autobus von Foggia nach San Giovanni Rotondo mein Gewissen. Ich erinnere mich, daß ich bei einer Straßenbiegung, da, wo man beginnt, in das Städtchen hineinzusehen, meine Gewissenserforschung abschloß mit diesem Gedanken: — Dieses geistige Leben..., manchmal scheint man auf Wänden von Glas zu klettern...! — Damit hatte ich geendet, und dann hatte ich all dies wieder vergessen.

Der Bus erreichte San Giovanni Rotondo und fuhr weiter zum Konvent der Kapuziner. Ich stieg aus, ging in die kleine Kirche und begab mich in die Sakristei, wo Pater Pio die Beichte hörte. Ich reihte mich ein und wartete, daß die Reihe an mich käme. Als es so weit war, trat ich hinter den Vorhang, wo Pater Pio die Beichte abnahm, kniete hin und legte meine Beichte ab, dann sprach ich von den Dingen, die mir am Herzen lagen, und Pater Pio gab mir die Antworten, die ich erwartet hatte, und schließlich erteilte er mir die Absolution. Als ich mich wieder erhob, blickte er mich verschmitzt mit Gutmütigkeit an und sagte: «Dieses geistige Leben...! manchmal scheint man auf Wänden von Glas zu klettern...» Barmherziger Himmel! Er hatte meine Gedanken gelesen, bevor ich nach San Giovanni Rotondo gekommen war, und jetzt hatte er sie mir wörtlich wiederholt, während ich mich schon nicht mehr daran erinnerte. Ich war perplex, aber auch getröstet, denn jener Gedanke wollte die Schwierigkeiten ausdrücken, denen man im geistigen Leben begegnet und die Versuchung, sich gehen zu lassen, und Pater Pio wollte mir sicherlich damit, daß er ihn wiederholte, sagen: — Du beklagst dich über deine Schwierigkeiten, was sollte ich dann sagen?! Mut!

Ein verhinderter Dieb

In Pater Pios Umgebung gab es immer irgend jemanden, der ihm etwas ablisten wollte, um es als Reliquie zu besitzen aus einem Gemisch von Devotion und Fanatismus. Pater Pio wollte diese Art zu handeln nicht dulden, denn dies erzeugte einen

Nimbus von Heiligkeit, den er verabscheute. Deshalb reagierte er immer darauf und manchmal sogar sehr brüsk, so wie es in der Natur seines Charakters lag. Jemandem, der ihn darauf hinwies, daß diese Art der Reaktion die Menschen irritieren könnte, dem zeigte er eines Tages seine Tunika und den Kordon, die an vielen Stellen zerschnitten waren und sagte: «Siehst du nicht, wie sie mich zurichten?! Wenn man nicht so reagiert, wo werden wir dann noch enden?»

Eines Abends war Pater Pio nach der Feier der Vesper noch in den Garten des Konventes hinuntergegangen, zusammen mit einigen Ärzten der Casa Sollievo della Sofferenza und einigen Freunden. Unter diesen befand sich auch ein Landsmann, der sich Cosimo Iadanza nannte. Als Pater Pio bemerkte, daß er sein Taschentuch vergessen hatte, rief er Cosimo und sagte: «Cosimo, nimm den Schlüssel und hole mir aus meiner Zelle ein Schnupftuch.» Cosimo tat dies, nahm das Taschentuch, aber er konnte der Versuchung nicht widerstehen, irgendetwas als Reliquie mitzunehmen. Dann kehrte er in den Garten zurück, tat als ob nichts geschehen wäre und gab Pater Pio das Taschentuch. Pater Pio nahm das Taschentuch und blickte ihn dann seltsam an und sagte: «Und nun gehe zurück in meine Zelle und lege das wieder hin, was du genommen und in deine Tasche gesteckt hast.» Cosimo wurde rot. Er hatte geglaubt, dies ganz unbekümmert tun zu können, da ihn niemand dabei sehen konnte. Niemand, aber Pater Pio schon, mit seinem hellsichtigen Geist.

Da stimmt doch etwas nicht…!

Ein Amerikaner, der die Werke Pater Pios wohltätig unterstützte, kam nach San Giovanni Rotondo und stellte sich ihm vor. Aber dieser stieß ihn, sobald er ihn sah, mit folgenden Worten zurück: «Weg mit dir… ich kenne dich nicht!» Der arme Mann war sehr traurig darüber. Warum hatte Pater Pio ihn so behandelt? Von San Giovanni ging er nach San Severo hinunter,

wo Pater Alberto D'Apolito war, und bat diesen, ihn zu Pater
Pio zu begleiten. Wer weiß, vielleicht würde er ihn wieder erkennen und empfangen, wenn er ihn gemeinsam mit diesem
sähe. Pater D'Apolito dachte bei sich, wenn Pater Pio ihn so
behandelt, so muß es da irgend einen Grund dafür geben. Da
stimmt doch etwas nicht! Und in der Tat gab es einen Grund
dafür: Dieser Wohltäter betrog seine Frau mit einer Geliebten.
Jedenfalls konnte er nicht umhin, den Wohltäter nach San Giovanni Rotondo zu begleiten, aber er warnte ihn gleich im voraus: «Du wirst sehen, wenn er uns jetzt beide sieht, wird er uns
beide hinauswerfen.» Und wirklich, als Pater Pio ihn in Begleitung des Paters D'Apolito erblickte, rief er: «Du hast dir einen
Anwalt geholt. Hinaus mit euch beiden!»

Sie mußten gehen, aber Pater D'Apolito wußte, daß der
Wohltäter noch nach Assisi und Padua reisen wollte, und so gab
er ihm den Rat, die Gelegenheit wahrzunehmen und in einem
der beiden Wallfahrtsorte eine Beichte abzulegen, was dieser
auch tat. Nun wollte der Wohltäter vor seiner Rückkehr nach
Amerika noch einmal nach San Giovanni Rotondo fahren, um
Pater Pio doch noch einmal zu sehen. Auch dieses Mal bat er
Pater D'Apolito, ihn zu begleiten. Als Pater Pio die beiden sah,
empfing er sie so freundlich und wohlwollend, als sei vorher
niemals irgend etwas geschehen, dankte ihm für die Hilfe, die er
seinen Werken leistete, stellte ihm Fragen, umarmte ihn schließlich und segnete ihn. Zuletzt noch gab er ihm den Rat: «Jetzt,
wenn du nach Amerika zurückkommst, dann sei ein guter
Christ, hast du verstanden?» Der Wohltäter versprach es. Aber
dann fiel er doch wegen seines zu schwachen Willens wieder in
sein lasterhaftes Leben zurück. Als er nach Ablauf eines Jahres
wieder den Wunsch verspürte, nach San Giovanni Rotondo zu
reisen, ließ er durch Pater D'Apolito anfragen, ob er zu Pater
Pio kommen dürfe. Pater Pio ließ ihm antworten: Nein!
Nachdem weitere Zeit vergangen war, entschloß sich der Wohltäter endlich reinen Tisch zu machen und das saubere Verhält-
nis zu seiner Frau und seiner Familie wiederherzustellen.
Darauf ließ er noch einmal durch Pater D'Apolito Pater Pio

fragen, und diesmal ließ er ihm antworten. Ja! Und so kam er wieder und kam gerade noch rechtzeitig, den Segen von Pater Pio zu empfangen, der kurz darauf verstarb.

Die Antwort auf dem verschlossenen Umschlag

Es gab da einen Pfarrer, der, weil er so viele seiner Pfarreiangehörigen zu Pater Pio gehen sah, am Ende verärgert war. So dachte er, um diesen Zufluß zu stoppen, ihm eine Falle zu stellen, indem er ihm in einem Brief eine hinterlistige Frage stellte. Er verschloß den Brief und übergab ihn einem Pfarreimitglied, das zu Pater Pio fuhr, mit der Bitte, ihn persönlich zu übergeben und gleich seine Antwort mitzubringen. Der Mann übernahm die Aufgabe, nahm den Brief an sich und reiste mit einer Gruppe nach San Giovanni Rotondo. Dort wurde er zusammen mit allen anderen von Pater Pio empfangen, aber dieser blickte ihn in besonderer Weise an, kam auf ihn zu und sagte: «Gib mir den Brief, den du in der Tasche hast und schreibe auf den Umschlag die Antwort.» Dieser zog den Brief heraus und schrieb mit seiner ungelenken Schrift die Antwort, die Pater Pio ihm diktierte. Zurückgekehrt in sein Dorf, ging er zum Pfarrer und sagte ihm, daß Pater Pio, ohne den Brief zu öffnen, ihm die Antwort auf den Umschlag diktiert hätte, und händigte ihm den Brief aus. Der Pfarrer las, was sein Pfarreikind da auf den Umschlag geschrieben hatte, und sah, daß es die exakte Antwort auf seine Frage war. Wie man sieht, war es nicht leicht, Pater Pio zu überlisten.

Pater Pio schickt uns

Es ist bekannt, daß Pater Pio von Papst Benedikt XV. sehr hoch geschätzt wurde, aber in seiner Umgebung gab es Personen, die dem Pater mißtrauten und ihn für einen großen Schwindler ansahen. Unter diesen Personen war auch ein

Bischof, der es für seine Pflicht hielt, den Papst davor zu bewahren, ihm Glauben zu schenken. Der Papst jedoch hielt ihm entgegen, daß er, ehe er Position beziehen könne, ihn kennenlernen und sich über ihn informieren müsse. Deshalb gab er ihm den Rat, nach San Giovanni Rotondo zu fahren und sich persönlich ein Bild von der Wahrheit der Dinge zu machen. Der Bischof wollte dem Wunsch des Papstes nachkommen und begab sich eines Tages auf die Reise. In Foggia angekommen, sah er zwei Kapuziner auf sich zukommen, die, nachdem sie ihn begrüßt hatten, ihm sagten, daß Pater Pio sie geschickt hätte, ihn nach San Giovanni Rotondo zu begleiten. Der Bischof konnte sich das nicht erklären und sagte, daß er niemandem von seiner Reise erzählt hätte, am allerwenigsten Pater Pio. Die beiden Kapuziner wiederholten ihm, daß Pater Pio gesagt hätte, daß der Papst einen Bischof schicke. Er habe ihnen eine Personenbeschreibung und den Auftrag gegeben, ihn nach San Giovanni Rotondo zu begleiten. Groß war die Verlegenheit des Bischofs. Was sollte er tun? Hinfahren oder umkehren? Es war ihm klar, wenn er hinginge, so wußte Pater Pio genauso, wie er von seiner Reise gewußt hatte, auch, daß er gegen ihn zum Papst gespochen hatte, und so erfand er nun, um keine schlechte Figur zu machen, den Vorwand, daß er sich erinnert hätte, in Rom einen ganz dringenden Termin zu haben und deshalb schnell dorthin zurückkehren müsse.

Er zischte ihm ins Ohr das Wort: «Feigling!»

Allen war es bekannt, daß Pater Pio sich von nichts und niemandem beeindrucken ließ. Was er zu sagen hatte, das sagte er mit allergrößtem Freimut und gelegentlich, wenn sein Gewissen es gebot, auch mit Grobheit. Ich glaube, daß sich dieses Verhalten aus dem Umstand herleitete, daß er sich ganz tief und unerschütterlich in Gott verwurzelt fühlte und daher eine vollkommene Freiheit gegenüber den Menschen erlangt hatte. Von ihm jedenfalls konnte man auf keinen Fall sagen, was der Herr in seinem Evangelium bekräftigt: «Wer sich vor den Menschen meiner schämt, dessen wird sich auch der Menschensohn vor seinem Vater schämen.» Und wie er selbst war, so wollte er, daß auch seine geistigen Kinder seien. In dieser Optik ist die nun folgende Episode zu sehen.

In Rom lebte einer seiner geistigen Söhne, der es sich zur Gewohnheit gemacht hatte, jedesmal, wenn er an einer Kirche vorbeikam, den Hut zu lüften, aus Respekt vor der Eucharistie, die in ihr aufbewahrt wurde. Eines Tages befand er sich in Gesellschaft von eher lebemännischen und lebenslustigen Freunden und, als sie vor einer Kirche vorbeigingen, schämte er sich, den Hut abzunehmen. Da hörte er plötzlich eine Stimme in sein Ohr das Wort «Feigling!» zischen. Als er danach wieder nach San Giovanni Rotondo kam und sich mit Pater Pio traf, sagte dieser zu ihm: «Vorsicht! Diesmal bist du nur beschimpft worden, aber das nächste Mal bekommst du eine Ohrfeige!»

In acht Tagen wirst du sterben

Zu einem jungen Karabiniere in der Blüte seines Lebens zu sagen, daß er binnen acht Tagen gestorben wäre, war alles andere als eine angenehme Aufgabe. Und dennoch mußte sie Pater Pio aufgrund seiner furchtbaren Gabe, die Zukunft der Menschen zu sehen, erfüllen, wenn er auch die ganze Zartheit seiner Seele zuhilfe nahm.

Folgendes war geschehen. Eines Tages, Pater Pio hatte sich nach der Zelebration der heiligen Messe in die Sakristei zurückgezogen und war eben dabei, die Paramente abzulegen, da wandte er sich an einen der beiden Karabinieri, die ihm zum Schutz vor der Zudringlichkeit der Menschen zugeteilt worden waren, und sagte zu ihm: «Wenn ich die Dankgebete beendet habe, komme in meine Zelle, ich muß mit dir reden.» Zuerst war der Karabiniere froh darüber, als er aber mit dem Pater alleine war, und diesen sagen hörte: «Höre zu, in längstens acht Tagen wirst du in das Haus deines Vaters gehen und sterben müssen, mein Sohn», da wandelte sich die Freude in Traurig-keit. Er wollte es nicht glauben und wies den Pater darauf hin, daß er sich vollkommen gesund und wohl fühle. Aber der Pater ließ sich nicht verwirren und fügte noch hinzu: «Belaste dich nicht zu sehr, in acht Tagen wird es dir noch besser gehen. Was ist dieses Leben denn? Eine Pilgerfahrt: Wir sitzen im Zug, mein Sohn.» Er gab ihm den Rat, Urlaub zu nehmen und nach Hause zu fahren und alles in Ordnung zu bringen, was noch in Schwebe sei. Der Karabiniere fragte, ob er das erzählen dürfe, was er ihm gesagt habe, aber Pater Pio antwortete: «Jetzt noch nicht, erst wenn du in deinem Haus sein wirst.»

Es war nicht leicht, vom Marschall der Karabinieri die Er-laubnis zu bekommen, nach Hause zu fahren, denn dieser sah keinen Grund dafür, und andererseits durfte der Karabiniere nicht über das reden, was der Pater ihm mitgeteilt hatte. Es war notwendig, daß dieser selbst beim Marschall intervenierte, da-mit die Erlaubnis erteilt wurde. Als er zuhause war, enthüllte er, was ihm der Pater gesagt hatte, stieß aber bei seinen Ver-wandten nur auf Ungläubigkeit. Dennoch brachte er alle seine Angelegenheiten in Ordnung und verstarb dann nach acht Tagen ganz plötzlich.

Er schenkt den Worten Pater Pios keinen Glauben, aber...

Pater Costantino Capobianco erzählte, daß er eines Tages auf der Reise nach Rom einer Frau begegnete, die mit ihrem Bru-der, einem Polizisten, reiste. Beide waren aus Pietrelcina, dem Ort, aus dem Pater Pio stammte. Die Frau war ganz in Schwarz gekleidet und schien sehr betrübt zu sein. Es ergab sich ein Ge-spräch, in dessen Verlauf sie erzählte, daß sie in San Giovanni Rotondo gewesen seien bei Pater Pio, um ihm die Angst anzu-vertrauen, die die Frau um ihren Gatten hatte, daß dieser näm-lich beim Untergang eines Kreuzers, auf dem er sich befunden hatte, ums Leben gekommen sei. Pater Pio hatte sie aufge-fordert, auf den Herrn zu vertrauen und zu der Frau im besonderen gesagt: «In wenigen Tagen werden sie eine schöne Nachricht bekommen.» Diese jedoch hatte seinen Worten offenbar nicht sehr viel Glauben geschenkt, denn sie war betrübt und überzeugt, daß ihr Mann tot sei.

Zurückgekehrt nach Pietrelcina erhielt sie jedoch nach einer Woche ein Telegramm, in welchem ihr ihr Gatte sagte, daß sie keine Angst haben dürfe, denn er sei gerettet. Das selbe Unterseeboot, das den Kreuzer gerammt hatte, hatte die Schiffbrüchigen an Bord genommen, und unter diesen befand auch er sich, der zurzeit in England war. Die Frau hatte den Worten des Paters Pio nicht geglaubt, aber die Realität der Fakten hatten diese glücklicherweise bestätigt.

Der Distelfink des «Marocchino»

Marocchino war der Spitzname eines Kapuzineraspiranten, der im Konvent von San Giovanni Rotondo lebte, als Pater Pio dort Spiritual war. Dieser Jüngling hatte eine ausgeprägte Neigung für die Künste und die Dinge der Natur.

Eines schönen Tages flatterte ein Stieglitz von einem Baum in den Korridor des Refektoriums. Marocchino sah ihn und wollte ihn sogleich fangen und in einen Käfig sperren, um ihn zu behalten. So rannte er ihm nach, aber es gelang ihm nicht, ihn zu erhaschen, denn das Vögelchen entwischte ihm dorthin und dahin. Schließlich flüchtete es sich in den Zwischenraum zwischen der Küche und einer Mauer. Marocchino lief hin, um es zu fangen, aber in diesem Augenblick läutete die Glocke zum Gebet, und er mußte das Vöglein dort zurücklassen und in die Kirche gehen. Dort jedoch dachte er, statt zu beten, an nichts anderes, als wie er den Vogel fangen, den Käfig basteln, einen Aufbewahrungsort finden wollte und vieles mehr. Nach dem Ende des Gebetes ging er in das Refektorium zum Abendessen, aber auch dort dachte er die ganze Zeit an nichts als an seinen Distelfink. Aus dem Refektorium kommend wollte er dann sogleich hingehen und ihn fangen, aber Pater Pio, der ihn sowohl in der Kirche als auch im Refektorium beobachtet hatte, winkte ihn zu sich und sagte: «Aber wegen dieses Distelfinks hast du ganz den Kopf verloren...», und er zählte ihm alle seine Gedanken auf, einen nach dem anderen, die ihm während des Gebetes und dann während des Abendessens durch den Kopf gegangen waren. Marocchino, der spätere Pater Vittore, vertraute dem Pater Costantino Capobianco noch an: «Als ich hörte, daß Pater Pio mir einzeln jeden meiner Gedanken enthüllte, mit einer bestürzenden Genauigkeit, Präzision und Vollständigkeit, stand ich da und zog den Kopf ein wie einer, der sich vor dem Orkan, der über seinen Kopf braust, so gut als möglich schützen will.»

Die Antwort auf eine vergessene Frage

Als sich die Nachricht verbreitet hatte, daß Pater Pio die Stigmen empfangen hatte, strömte sogleich eine Unzahl von Menschen nach San Giovanni Rotondo. Unter den ersten waren einige französische Priester unter der Führung des Abbé Benoit, Generalsekretär des katholischen Institutes von Lille. Dieser hatte ein Problem, über das er lange nachgegrübelt hatte, ohne es jedoch jemals lösen zu können. Schließlich hatte er es sogar wieder vergessen. Als er nun in San Giovanni Rotondo von Pater Pio empfangen wurde, hatte er keinen besonderen Eindruck von ihm empfangen. Als aber der Moment des Abschiedes gekommen war, gaben alle Priester der Gruppe dem Pater Pio kleine Bildchen und baten ihn um seine Unterschrift darauf. Pater Pio willfuhr ihrer Bitte, als aber die Reihe an Abbé Benoit kam, nahm er ihm, statt seine Unterschrift auf das dargereichte Bildchen zu setzen, das Brevier weg, das dieser unter dem Arm hielt, und blätterte es durch. Am Ende angelangt, fand er eine leere Seite, darauf schrieb er einen Satz. Als der Abbé dann diesen Satz las, wurde ihm klar, daß dies die Antwort auf jene Frage war, die er mittlerweile schon längst vergessen hatte. Er erkannte, daß Pater Pio nicht jener einfache Priester war, für den er ihn im ersten Moment gehalten hatte, sondern einer, der von Gott das Geschenk erhalten hatte, auch in der Vergangenheit dessen zu lesen, der vor ihm stand.

Weißt du, daß du auf der Petersilie stehst?

Pater Pio sagte diesen Satz in neapolitanischem Dialekt, und seine Bedeutung ist: Jemand befindet sich in einem sehr bedenklichen Gesundheitszustand. Er sagte dies zu Pater Teofilo dal Pozzo, als dieser Provinzial war. Er war als Prediger in Foggia in der Kirche San Eligio tätig und nahm damals auch die Bürde auf sich, nach San Giovanni Rotondo zu fahren, um einen Mitbruder, der verreisen mußte, im Monat Mai in der Predigt zu ersetzen. Um beide Aufgaben erfüllen zu können, pendelte er täglich zwischen Foggia und San Giovanni Rotondo in einem kleinen Automobil hin und her.

Pater Pio wußte durch eine innere Enthüllung, daß dieser nur noch wenig zu leben hatte und war deshalb wegen dieser Anstrengung von Pater Teofilo sehr besorgt. Ein wenig behielt er das für sich, doch eines Tages fühlte er die Pflicht, den Prediger zu sich zu rufen und ihm zu sagen: «Du, was machst du gerade? Weißt du, daß du auf der Petersilie stehst?»

Pater Teofilo maß den Worten von Pater Pio kein Gewicht bei, er hielt sie eher für einen Scherz, denn er fühlte sich vollkommen gesund und angetrieben von großer Tatenfreude. Jedoch nach drei oder vier Monaten klagte er über Schmerzen, die sich sofort als Symptome eines Magentumors erwiesen, der ihn innerhalb eines Monates zum Tod führte.

Der Pater Provinzial war sicher, daß er abreisen würde, aber…

Pater Paolino da Casacalenda, derselbe, der Superior des Konvents von San Giovanni Rotondo war, als Pater Pio die Stigmen empfing und der später Provinzial wurde, hatte eine Schwester in San Giovanni. Er hielt sich oft dort auf, sei es, um die Schwester zu besuchen, sei es, um Pater Pio zu sehen. Einmal hatte er für seinen Besuch sehr wenig Zeit, und sagte deshalb, nachdem er mit den Mitbrüdern zu Mittag gegessen hatte und sah, daß Pater Pio aus dem Refektorium wegging, ohne sich von ihm zu verabschieden: «Nun, Pater Pio, du gehst einfach so weg, ohne mir einen Kuß zu geben?» Darauf Pater Pio: «Hochwürdiger Vater, sie reisen heute nicht ab.» Pater Paolino jedoch versicherte, daß er wegfahren würde: Das Auto mit dem Chauffeur wartete schon vor dem Haus seiner Schwester. Aber Pater Pio wiederholte nur, daß er an diesem Tag nicht abreisen würde. Wenn er wollte, er hätte ihm die Küsse auch gegeben, aber abgereist wäre er nicht. Pater Paolino war überzeugt, daß Pater Pio nur einen Scherz machte, verabschiedete sich und ging zum Haus seiner Schwester. Dort angekommen, sah er den Chauffeur am Auto herumhantieren wegen eines kleinen Defektes, der jedoch die Abreise bestimmt nicht verhindern würde. Sei es wie immer, der Defekt ließ sich nicht beheben und das Auto wollte nicht starten. Am Ende stellte sich heraus, daß man einen Mechaniker holen mußte, was bedeutete, daß man nicht vor dem folgenden Tag abreisen konnte. Pater Paolino blieb nichts anderes übrig als in den Konvent zurückzukehren, um dort zu übernachten. Als ihn Pater Pio sah, sagte er: «Hochwürdiger Vater, was habe ich ihnen gesagt...?!»

In zwei Wochen wirst du sterben

Es gab da einen Priester aus Mantua, der ein exemplarisches Leben geführt hatte. Eines nachts erschien ihm Pater Pio im Traum und sagte, nachdem er ihn zu seinem bisher geführten Leben beglückwünscht hatte, daß er nunmehr an dessen Ende angelangt sei. Noch zwei Wochen und er würde sterben. Er solle sich daher vorbereiten, dieses letzte Stück seines Erdenlebens würdig abzuschließen.

Am folgenden Morgen erzählte der Priester seinen Angehörigen diesen Traum und was ihm Pater Pio bezüglich seines Todes gesagt hatte. Diese maßen seinen Worten keine große Bedeutung bei und sagten, er solle nur ruhig sein, es sei ja nur ein Traum, und Träumen soll man nicht so leicht Glauben schenken. Der Priester jedoch dachte anders darüber. Er nahm den Traum und die Worte von Pater Pio ernst und bereitete sich sorgfältig auf den Tod vor. Und tatsächlich fanden ihn seine Angehörigen nach fünfzehn Tagen morgens tot in seinem Zimmer.

5.

In der Welt unterwegs

Pater Pio hatte die Gabe der Bilokation, das heißt, er konnte sich gleichzeitig an zwei verschiedenen Orten befinden und wirken. Zugleich ist es auch bekannt, daß er von 1916 bis zu seinem Tod den Konvent von San Giovanni Rotondo nicht verlassen hat. Seine Anwesenheit an anderen Orten wurde manchmal physisch wahrgenommen, manchmal durch jenen besonderen Duft, den seine Person ausströmte. Als er einmal in ein Gespräch seiner Mitbrüder über diesen Gegenstand hineingezogen wurde, sagte er nur: «Man weiß, was man will, wohin man geht und was man tun will, aber nicht, ob man nur als Seele oder als Leib und Seele geht.» Es handelt sich somit um ein Geheimnis der Allmacht Gottes.

Einige Beispiele dazu:

In Turin, um einem Sterbenden die Absolution zu erteilen

Eines Tages blieb Pater Pio am Fenster eines Korridors im Konvent von San Giovanni Rodondo stehen. Ganz plötzlich war er wie von einer fernen Vision ergriffen und wurde ganz starr. Einer seiner Mitbrüder ging an ihm vorbei, sah dies, grüßte ihn und küßte ihm die Hand, aber er selbst bemerkte nichts davon. Er war ganz versunken und sprach ganz langsam die Formel der Absolution, die man bei der Beichte verwendet. Dann, in sich zurückgekehrt, bemerkte er, daß einige Mitbrüder bei ihm waren und sagte zu ihnen: «Ihr seid da: Ich hatte es gar nicht bemerkt... ich betrachtete das Gebirge.»

Einige Tage nach diesem Vorfall, erreichte den Superior des Konvents von San Giovanni Rotondo ein Telegramm, in welchem man sich bedankte, daß man Pater Pio nach Turin geschickt hatte, um einem Schwerkranken die Absolution zu erteilen, gerade in dem Moment, als dieser sterben mußte.

«Macht euch auf den Weg... ich werde euch folgen»

Im September 1955 formierte sich eine Gruppe von Pfarrangehörigen von Santa Maria delle Grazie in San Severo, die unter der Führung einiger Kapuzinerpatres eine Wallfahrt zum Heiligtum der Weinenden Madonna von Syrakus in Sizilien machen wollte. Vor Antritt der Reise begaben sich die Patres zu Pater Pio, um ihn zu informieren und um sein Gebet und seinen Segen zu bitten und auch, um ihn einzuladen, sich der Gruppe anzuschließen... sofern er dies wollte. Auf dieses letzte Angebot antwortete er ganz einfach so: «Macht euch auf den Weg... ich werde euch folgen.» Aber er rührte sich nicht weg von San Giovanni Rotondo.

Die Pilger begaben sich auf die Reise und nach einiger Zeit erreichten sie die Gegend von Cosenza, wo sie eine weite Fläche von angebauten Melonen sahen. Sie konnten dem Wunsch nicht widerstehen, tüchtig davon zu essen. Sie stoppten den Bus, stiegen aus und gingen zu einem Berg aufgestapelter Melonen, verschafften sich vom Verkäufer eine hübsche Menge und taten sich gütlich daran.

Da die Melonen nun einmal schwer verdaulich sind, und obendrein von der Sonne erhitzt waren und daher gesundheitsschädliche Wirkungen hervorriefen, war ihre Weiterreise durch die peinlichen Effekte dieses Gelages sehr beeinträchtigt. Schließlich konnten sie aber doch endlich weiterfahren und erreichten Syrakus, wo sie die Wallfahrtskirche besuchten, für sich und auch für Pater Pio beteten, und sich danach wieder auf die Heimreise machten.

Einmal mußte der Chauffeur anhalten, weil die Straße versperrt war. Er stieg aus, besichtigte das Hindernis aus der Nähe und sagte zu den Pilgern: «Wir können nicht weiterfahren!» Nun begannen sie alle voller Sorgen Pater Pio anzurufen, daß er ihnen zu Hilfe käme und sie aus dieser Situation befreie. Und siehe da, wie es üblicherweise bei Anwesenheit des Pater Pio geschieht, breitete sich rundherum ein starker Duft aus, der in Wellen herankam. Dann sahen die Pilger Karabinieri sich ihnen nähern, die sich auf einer Kontrollfahrt befanden, und die ihnen halfen, die Hindernisse von der Straße zu räumen und somit die Reise fortzusetzen.

Als sie wieder zuhause waren, gingen die Kapuzinerpatres sogleich zu Pater Pio, der eben die Messe gelesen hatte und sich anschickte, die Dankgebete zu verrichten. Als er sie erblickte, sagte er mit gutmütiger Ironie: «Da habt ihr aber eine besonders gute Figur gemacht mit diesen Melonen...! Und an jenem Abend auf der Straße von Palermo, was für Angst...!»

Die Begebenheiten der Marchesa Rizzani Boschi

Die Episoden bilokaler Anwesenheit Pater Pios im Leben der Frau Marchesa Giovanna Rizzani Boschi, zuerst in Udine, dann in Rom, in San Giovanni Rotondo, in Neapel und wieder in San Giovanni Rotondo wurden mir von ihr selbst bei verschiedenen Gelegenheiten erzählt. Ich gebe sie im Folgenden wieder.

Pater Pio in Udine

Frau Marchesa Giovanna sagte mir bei einem der Besuche, die ich ihr machte, als sie von Neapel nach Rom übersiedelt war, daß Pater Pio ihr Einzelheiten ihrer Geburt in Udine erzählt hätte, genauso wie es aus einem Schriftstück des Paters selbst hervorgeht:

«Vor einigen Tagen (wir befinden uns im Februar 1905 und Pater Pio wohnte als Kapuzinerstudent im Konvent von San Elia in Pianisi, CB) ist mir etwas Ungewöhnliches widerfahren: Während ich mich mit Fra Anastasio im Chor aufhielt, es war etwa 23 Uhr am 28. des vergangenen Monats (Januar 1905), geschah es, daß ich mich fern in einem herrschaftlichen Haus befand, wo der Vater starb, während ein Mädchen geboren wurde. Da erschien mir die heiligste Maria, die zu mir sagte: «Ich vertraue dir dieses Geschöpf an; es ist ein Edelstein im Rohzustand, bearbeite ihn, schleife ihn, mache ihn so glänzend als möglich, denn eines Tages will ich mich damit schmücken...»

Und Pater Pio: «Wie wird dies möglich sein, wenn ich noch ein armer Seminarist bin und nicht weiß, ob ich einmal das Glück und die Freude haben werde Priester zu sein? — Und auch, wenn ich Priester sein werde, wie werde ich an dieses Kind denken können, wenn ich weit fort von hier bin?» — Die Mutter Gottes sagte zu mir: «Zweifle nicht, denn sie wird es sein, die zu dir kommen wird. Vorher jedoch wirst du sie in Sankt Peter treffen... in Rom!»

Dieses Schriftstück wurde sorgfältig aufbewahrt in San Giovanni Rotondo unter anderen Dingen von Pater Pio, aber die Marchesa Giovanna kannte es nicht. Sie war aufgewachsen, ohne überhaupt zu wissen, wer Pater Pio sei. Aber viele Jahre später, als sie sich schon mit Pater Pio getroffen hatte, sie zu seiner geistigen Tochter und zu seiner bevorzugten Mitarbeiterin geworden war, zeigte man ihr dieses Schriftstück. Sie wandte sich an Pater Pio, um zu erfahren, ob der Inhalt dieses Schriftstücks der Wahrheit entspreche, und Pater Pio versicherte sie der Autentizität aller jener Dinge.

In den Seitenschiffen der Peterskirche in Rom

An einem Sommernachmittag des Jahres 1922 ging das damalige Fräulein Giovanna Boschi, Universitätsstudentin, mit einer

Freundin durch die Seitenschiffe der Sankt-Peters-Basilika in Rom auf der Suche nach einem Priester, der ihr verschiedene Zweifel bezüglich des Glaubens zerstreuen sollte. Nachdem sie hier und dort gesucht hatte, ohne irgend jemanden zu finden, sah sie einen Sakristan, zu dem sie hintrat und ihn fragte, ob es irgend einen Priester gäbe, mit dem sie sprechen könnte. Der Sakristan antwortete, daß es schon spät sei und die Basilika bald geschlossen würde. Sie sollte schauen, ob sich irgend einer verspätet hätte, es fehle nur noch eine halbe Stunde bis die Kirche geschlossen würde. Fräulein Giovanna suchte und suchte und bemerkte schließlich einen jungen Kapuziner in einem Beichtstuhl. Sie näherte sich ihm, legte ihm ihre Zweifel dar, empfing die Antworten, die sie zufriedenstellten, und zog sich schließlich zurück, um ihre Freundin zu suchen, der sie ihre Zufriedenheit mitteilte und die sie einlud, auf den Kapuziner zu warten, um ihm die Hand zu küssen, wenn er aus dem Beichtstuhl käme. Aber... sie wartete und wartete, der Kapuziner war nicht zu sehen. Sie kehrte zum Beichtstuhl zurück und fand ihn leer. Sie fragte den Sakristan, wohin er gegangen wäre, aber dieser sagte, er hätte keinen Kapuziner gesehen. Fräulein Giovanna war sehr verwundert, denn sie war absolut sicher, den Kapuziner gesehen und mit ihm gesprochen zu haben, aber angesichts dieser Situation blieb ihr nichts übrig, obwohl sie sehr perplex war, als sie die Basilika verliess.

Giovanna, ich kenne dich!

Ein Jahr danach begab sie sich zum ersten Mal nach San Giovanni Rotondo, um eine Tante zu begleiten, die bei Pater Pio beichten wollte. Man ließ sie in den Korridor zwischen der alten Kirche und dem Konvent eintreten, wo Pater Pio vorbeikommen mußte. Sie standen in der ersten Reihe. Als Pater Pio kam, blickte er sie an und sagte: «Giovanna, ich kenne dich, du bist an dem Tag geboren, an dem dein Vater starb.» Giovanna erschrak über diese Enthüllung und fragte sich, wie es möglich war, daß der Pater die Einzelheiten ihrer Geburt kennen konnte. Als sie am nächsten Tag zu ihm zur Beichte kam, hörte sie ihn sagen: «Mein Kind, endlich bist du gekommen! Seit wievielen Jahren habe ich dich erwartet!» Und Giovanna: «Pater, was wollen Sie von mir? Ich kenne Sie nicht. Es ist das erste Mal, daß ich nach San Giovanni Rotondo komme. Ich habe meine Tante begleitet. Vielleicht machen Sie einen Fehler und verwechseln mich mit einem anderen Mädchen.» Darauf Pater Pio: «Nein, ich habe mich nicht getäuscht, und ich habe dich nicht mit einem anderen Mädchen verwechselt. Du kennst mich schon.» Giovanna: «Nein, Pater, ich sage Ihnen noch einmal, daß ich sie nicht kenne. Ich habe Sie niemals gesehen.» Pater Pio: «Voriges Jahr, an einem Sommernachmittag, gingst du mit einer Freundin in die St.-Peters-Basilika auf der Suche nach einem Priester, der dich in deinen Zweifeln erhellen sollte. Stimmt das?» Giovanna: «Ja, Pater, das ist wahr.» Pater Pio: «Es erschien da ein Kapuziner, der dich anhörte, deine Zweifel zerstreute und dir deine Fröhlichkeit wieder schenkte, erinnerst du dich?» Giovanna: «Ja, Pater, ich erinnere mich ganz genau.»

Pater Pio: «Dieser Kapuziner war ich.» Sodann erzählte er ihr in allen Einzelheiten die Ereignisse bei ihrer Geburt und dem gleichzeitigen Tod ihres Vaters in Udine. Giovanna war von allen diesen Enthüllungen tief bewegt und fragte dann Pater Pio, was sie jetzt tun solle. Und Pater Pio beschrieb ihr ihre Mission mit diesen Worten: «Du wirst oft nach San Giovanni Rotondo kommen. Ich werde um deine Seele Sorge tragen und du wirst den Willen Gottes erfahren.» Und von diesem Tag an war die Marchesa Boschi immer eine treue und privilegierte Mitarbeiterin Pater Pios.

Eine Ohrfeige von Pater Pio

Obwohl ich selbst in diese Episode involviert war, hätte ich niemals etwas davon erfahren, wenn sie mir nicht die Marchesa Boschi erzählt hätte. Vor vielen Jahren wohnte sie in Neapel in der Via del Casale nahe der Via Marechiaro, wo ich wohnte. Ich machte damals ihre Bekanntschaft, weil meine Gemeinde ihren Gemahl, Ingenieur Fernando, beauftragt hatte, sich um gewisse Angelegenheiten zu kümmern, die unser Haus, Via Marechiaro 46, betrafen. Ich hatte so Gelegenheit, ins Haus der Frau Marchesa zu kommen, und im Gespräch mit ihr kam die Rede auch auf Pater Pio, den ich seit 1940 kannte und besuchte.

Eines Tages kam die Marchesa, wie sie es von Zeit zu Zeit zu tun gewohnt war, in unsere kleine halböffentliche Kirche und wollte beichten und kommunizieren. Es war morgens ungefähr um neun Uhr. Ich wurde gerufen, nahm ihr die Beichte ab, spendete ihr die Kommunion und ging dann wieder in mein Zimmer zurück. Für mich wäre die Sache damit beendet gewesen, wenn die Frau Marchesa mir nicht eines Tages davon gesprochen hätte, als ich sie in Rom besuchte, denn sie war mittlerweile dorthin übersiedelt. An jenem Morgen nämlich, an dem sie in Neapel zu mir gekommen war um zu beichten, hatte ich keinerlei Geräusche einer Ohrfeige wahrgenommen, so wie man in dem Buch von Pater Alberto D'Apolito «Padre Pio da Pietrelcina» richtig liest. Im Verlauf dieses Gespräches aber mit der Marchesa in Rom sagte sie zu mir: «Aber wissen sie überhaupt, daß mir Pater Pio an jenem Tag, als ich bei Ihnen beichtete, eine Ohrfeige gab?» Und ich: «Eine Ohrfeige? Aber ich habe überhaupt nichts gehört!» Darauf sie: «Sie haben nichts wahrgenommen, aber ich schon, und wie!» Darauf erklärte sie mir, daß ihr Pater Pio, als er sah, daß sie die Gewohnheit angenommen hatte, die Sünden früherer Beichten neuerlich zu beichten, auferlegt hatte, dies künftig zu unterlassen. Da sie es aber weiterhin tat, hatte er ihr eines Tages gesagt: «Das nächste Mal, wenn du das wieder tust, werde ich dir eine Ohrfeige geben.» Und an diesem Morgen hatte er Wort gehalten.

Der Abschied von Pater Pio

In der zweiten Septemberhälfte 1968 war ich auf der Durchreise in San Giovanni Rotondo. Üblicherweise versäumte ich nie, in den Konvent zu kommen, um Pater Pio zu sehen. Dieses Mal jedoch wollte ich ihn nicht stören, da ich gehört hatte, daß es ihm sehr schlecht gehe, und nahm mir zugleich vor, ihm bei einer anderen Gelegenheit einen Besuch zu machen, wenn es ihm wieder besser ginge.

Nach Neapel zurückgekehrt, hörte ich nach wenigen Tagen im Radio, daß Pater Pio gestorben sei. Groß war mein Schmerz und meine Bestürzung. Ich wollte es nicht glauben, es schien mir fast, als dürfte Pater Pio niemals sterben...

Ich hätte gerne Näheres über seinen Tod gewußt, aber aus der Presse konnte ich nur fragmentarische Notizen entnehmen. Die detaillierte Chronik erhielt ich erst viel später von der Marchesa Giovanna, als ich sie eines Tages in Rom besuchte. Sie erzählte mir, daß sie während der letzten Lebensmonate des Paters Pio einmal gezwungen war, San Giovanni Rotondo zu verlassen. Eines Tages vernahm sie jedoch seine Stimme, die sagte: «Komme sofort nach San Giovanni Rotondo, denn ich muß weg. Wenn du dich verspätest, wirst du mich nicht mehr sehen.» Sie reiste sofort mit ihrer Freundin Margherita Hamilton nach San Giovanni und stieg mit ihr in einer Pension nahe beim Konvent ab.

Wenige Tage vor seinem Tod sagte Pater Pio zu ihr, als er sie sah: «Dies ist die letzte Beichte, die du bei mir ablegst. Ich gebe dir jetzt die Absolution für alle Sünden, die du vom Gebrauch der Vernunft an bis zu diesem Moment begangen hast.»

Und Giovanna: «Warum, Pater?»

Pater Pio: «Ich habe es dir schon gesagt, ich kann dir keine Beichte mehr abnehmen, weil ich weggehe... Jesus kommt mir entgegen.»

Giovanna verstand, daß Pater Pio aus dieser Welt weggehen würde. Als sie sich ganz aufgewühlt aus dem Beichtstuhl erhob, wollte sie ihm die Hand küssen und ihm die Summe von fünfzigtausend Lire für das Hospital «Casa Sollievo della Sofferenza» übergeben, aber Pater Pio nahm sie nicht an und sagte, sie solle sie für sich behalten, denn in diesen Tagen würde sie das Geld noch brauchen. Und obwohl Frau Boschi ihm versicherte, daß sie genug Geld habe, sowohl für den Aufenthalt als auch für die Rückreise, bestand Pater Pio darauf und wiederholte, daß sie das Geld noch brauchen würde. Frau Marchesa kehrte in die Pension zurück, wo sie mit ihrer Freundin Margherita Hamilton im selben Zimmer wohnte.

Als es Abend wurde, zog sich Pater Pio, nachdem er der Menschenmenge, die sich zum Internationalen Kongress der Gebetsgruppen in San Giovanni Rotondo zusammengefunden hatte, den Segen gespendet hatte, in seine Zelle zurück, und dies sollte sein Abschied von dieser Welt sein.

In der Nacht, es war der 23. September, um 2.25 Uhr, wachte Frau Boschi plötzlich auf und schrie, daß Pater Pio im Sterben liege. Freundin Margherita, die ebenfalls erwacht war, glaubte, daß Frau Boschi einen Alptraum gehabt hätte und suchte sie nach Kräften zu beruhigen, aber es war nichts zu machen. Sie war ganz sicher, daß Pater Pio tot sei und wollte zum Konvent laufen. Margherita war genötigt, sich ebenfalls eiligst anzuziehen und die Marchesa zu begleiten. Sie kamen gerade in dem Moment an, als ein Kapuzinerpater der Menge, die sich auf dem Platz vor der Kirche versammelt hatte, die traurige Mitteilung von Pater Pios Tod machte.

Einige Tage später gab sie Pater Alberto D'Apolito, der die Versicherungen der Marchesa Boschi bezweifelte, beim Tod von Pater Pio anwesend gewesen zu sein, eine so detaillierte und genaue Beschreibung, daß Pater Alberto überzeugt sein mußte, daß sie tatsächlich im Geist in dem dramatischen Augenblick anwesend gewesen sein mußte, als Pater Pio starb. Die gleichen Einzelheiten erzählte sie mir später.

Im Zimmer des Generals Cadorna

Nach der Niederlage von Caporetto verfiel General Luigi Cadorna in eine derartige Niedergeschlagenheit, daß er an Selbstmord dachte.

Eines nachts gab er, ehe er sich in sein Zimmer im Palazzo Zara in Treviso zurückzog, dem Wachesoldaten den Befehl, niemanden bei ihm einzulassen, aus welchem Grund auch immer. Dann ließ er sich auf einen Sessel fallen, holte aus einer Lade des Schreibtisches eine Pistole, lud sie und wollte sie sich gerade an die Schläfe setzen, als er sich plötzlich einem Kapuzinerpater gegenüber sah, der, mit dem Finger auf ihn zeigend sagte: «Weg damit, General, Ihr werdet nicht diese Dummheit begehen!» Der General wurde von einer derartigen Verwunderung erfaßt, daß er seine Absicht, sich selbst zu töten, entschwinden fühlte und sich nur fragte, wer dieser Pater sei und wie er hereingekommen sein konnte. So wie der Kapuziner wieder ins Nichts entschwunden war, stürzt er aus dem Zimmer und herrschte den Wachesoldaten zornerfüllt an, warum er diesen Bruder habe eintreten lassen, da er doch den ausdrücklichen Befehl hatte, niemanden einzulassen und aus keinerlei Grund. Die Wache, überrascht wie er selbst, antwortete, daß sie niemanden gesehen hätten und niemanden hineingelassen haben. Der General ging wieder hinein, voller Verwunderung, aber mit der festen Absicht, dieses Geheimnis zu lüften.

In der Zwischenzeit, der Krieg war zu Ende, berichtete die Presse unter anderem, daß am Gargano ein gewisser Pater Pio lebe, der stigmatisiert sei und Wunder vollbringe. Neugierig geworden, wollte der General Genaueres über ihn erfahren und machte sich eines Tages inkognito auf die Reise nach San Giovanni Rotondo. Hier ging er zum Konvent und bat darum, Pater Pio sehen zu können. Man sagte ihm, daß er im Korridor vorbeikäme, der vom Konvent zur Sakristei führt. Hier solle er warten und könne er ihn sehen. Tatsächlich ging Pater Pio nach kurzer Zeit mit den andern Fratres vom Refektorium zur Kirche. Er wollte schon an ihm vorbeigehen, als er aber ganz in seiner Nähe war, wendete er sich ihm zu und sagte: «Nun, General, sind wir heil davongekommen an jenem Abend!» Der General schreckte zusammen, denn er erkannte sofort in Pater Pio die Stimme und die Figur jenes Paters wieder, der in sein Zimmer eingedrungen war, trotz seines Befehls an die Wache, niemanden vorbeizulassen.

Begegnungen mit Madre Speranza
im heiligen Uffizium in Rom

Pater Pio traf während eines ganzen Jahres täglich mit Madre Speranza im hl. Uffizium in Rom zusammen, und zwar in der Periode zwischen 1937 und 1940. Diese Nachricht ist so außerordentlich, daß man geneigt wäre, sie zurückzuweisen, hielte man sich einerseits nicht die Allmacht Gottes vor Augen und andererseits das Zeugnis einer Person, welche im Geruch der Heiligkeit gelebt hat und gestorben ist, Madre Speranza, Gründerin der Ancelle dell'Amore Misericordioso und Vollbringerin großartiger Werke zur Heiligung der Seelen in Collevalenza (Terni). Sie drückte sich in einem Interview, das sie P. Alberto D'Apolito im Februar 1970 gab, folgendermaßen aus:

«Madre, ich bin ein Kapuziner aus San Giovanni Rotondo, ich will Sie keine Zeit verlieren lassen. Ich bitte Sie nur, für mich zu beten und für die Verherrlichung des Pater Pio.» Madre Speranza, klein von Statur und gekrümmt, hob die Augen auf und sagte, indem sie mich anblickte:

«Ich habe immer für Pater Pio gebetet.»

«Haben Sie Pater Pio gekannt?»

«Ja, ich habe ihn sehr oft gesehen.»

«Wo? In San Giovanni Rotondo?»

«Nein. Ich bin niemals nach San Giovanni Rotondo gekommen.»

«Nun, wo haben Sie ihn dann kennengelernt?»

«In Rom.»

«Madre, Sie haben Pater Pio in Rom nicht kennenlernen können, denn dieser ist nur ein einziges Mal in Rom gewesen, als er noch ganz jung am 17. Mai 1917 seine Schwester begleitete, als sie als Klausurschwester in Santa Brigida eintrat. Sie selbst waren zu dieser Zeit in Spanien. Sicherlich war es ein Versehen und Sie haben Pater Pio mit irgend einem anderen Kapuzinerpater verwechselt.»

«Nein, ich habe mich nicht getäuscht. Es war wirklich Pater Pio.»

«An welchem Platz in Rom haben Sie ihn gesehen?»

«Ich habe ihn täglich im hl. Uffizium während eines ganzen Jahres gesehen, er trug die halben Handschuhe, um seine Wundmale zu verbergen. Ich grüßte ihn, ich küßte ihm die Hand und manchmal richtete ich das Wort an ihn und er antwortete mir.»

«In welchem Jahr fanden diese täglichen Begegnungen statt?»

«Als ich dem hl. Uffizium zugeteilt war. Ich war dort drei Jahre lang: von 1937 bis 1939.»

«Madre, Ihre Erzählung scheint mir seltsam und unwahrscheinlich, ich habe Mühe, sie zu glauben...»

«Pater, ich muß Ihnen bekennen, daß ich niemals in Halluzinationen verfallen bin. Vielmehr muß ich noch anfügen, daß oft aus Mailand eine geheimnisvolle Persönlichkeit mit weißem Bart ins Flugzeug kam, von häßlichem Aussehen, die mich vor Angst erzittern ließ.»

«Wer war es...? Ein Frater...?»

«Ich weiß es nicht. Allein ihn anzuschauen, erfüllte mich mit Angst, und ich wollte davonlaufen. Er schien der Dämon zu sein...»

«Was hatte er im hl. Uffizium zu tun?»

«Er kam, um gegen Pater Pio auszusagen.»

«Madre, Sie dürfen nicht beleidigt sein, wenn ich Ihnen sage, daß ich nicht glaube, was Sie mir erzählt haben.»

Madre Speranza antwortete mir voller Milde, ohne das geringste Zeichen von Ressentiment:

«Pater, Sie sind frei, zu denken, wie Sie wollen. Ich wiederhole Ihnen nur, daß ich Pater Pio ein ganzes Jahr hindurch täglich in Rom gesehen habe. Ich habe immer für ihn gebetet und jetzt werde ich für seine Glorifizierung beten.»

Jagt diesen Bruder weg!

Im Juni 1973 berichtete eine Frau aus Rom, die nach San Giovanni Rotondo gekommen war, um Pater Pio für die geistige Hilfe zu danken, die er ihrem Mann geleistet hatte, folgendes:

Bei ihrem Mann hatte man einen bösartigen Tumor festgestellt. Er wurde ins Spital gebracht, wo man alle nur möglichen Heilverfahren anwandte, ohne Anlaß zu begründeten Hoffnungen zu finden. Zu seiner Familie zurückgebracht, sah der Kranke, wie das Übel seinen unaufhaltsamen Lauf nahm und er sich immer schlechter und schlechter fühlte. Die Familie verehrte Pater Pio und begann, um sein Eingreifen zu bitten.

Eines Tages begann der Kranke in seinem Zimmer ganz plötzlich zu schreien: «Jagt diesen Bruder weg...! Jagt diesen Bruder weg...! Er sagt, ich soll mit ihm kommen..., verjagt ihn...! Ich will nicht mitgehen...!» Die Angehörigen liefen herbei und versuchten ihn zu beruhigen, indem sie sagten, daß sie keinen Bruder sehen könnten. Aber er bestand darauf und sagte: «Wie, ihr seht ihn nicht...? Er ist da, hier am Fuß des Bettes...!» Sie sagten ihm wieder, daß sie niemanden sehen könnten, er solle sich doch beruhigen. Endlich beruhigte er sich auch. Nun, da fragten sie ihn: «Wer war denn dieser Frater?» Er antwortete: «Ein Kapuzinerbruder... mit weißem Bart..., er sagte, er käme mich am 5. Februar holen!» Sie zeigtem ihm ein Bild Pater Pios, und er erkannte ihn sofort wieder: «Ja, das ist er!»

Die Familie intensivierte ihre Gebete und von einem gewissen Moment an, schien es, als ob sich der Kranke sehr schnell erholte, so sehr, daß er vom Bett aufstand und in die Kirche ging, um der heiligen Messe beizuwohnen und zur Kommunion zu gehen und sich von da an zur Gewohnheit machte, jeden Tag intensiv zu beten. Plötzlich, genau am 5. Februar 1973, fühlte er sich ganz schlecht und starb heiter und ruhig. Pater Pio hatte sein Versprechen gehalten: Er war gekommen, um ihn zum Herrn ins andere Leben zu begleiten.

Weg von dieser Stelle!

Es war während des Ersten Weltkrieges, als sich ein Offizier auf dem Schlachtfeld befand und seine Soldaten ermutigte, den Angriffen des Feindes standzuhalten. Plötzlich sah er nicht weit von sich einen Mönch mit blassem Gesicht und lebhaften Augen, der ihm zurief: «Herr Hauptmann, schnell weg von dieser Stelle! Kommen sie hierher zu mir! Schnell, schnell!»

Angezogen von dieser Figur und dieser Stimme machte der Hauptmann einige Sprünge, und noch ehe er bei dem Mönch angekommen war, hörte er die furchtbare Exlosion einer Bombe genau an dem Platz, wo er zuerst gestanden war. Er warf einen entsetzten Blick auf jenen Platz und drehte sich um, um sich bei dem Pater zu bedanken, der ihn gerettet hatte, aber zu seinem großen Erstaunen sah er niemanden. Die Gestalt dieses Mönches jedoch hatte sich ihm eingeprägt und eines Tages, als er mit Freunden über dieses Ereignis sprach, kam ihm plötzlich der Gedanke, daß es vielleicht Pater Pio gewesen sein könnte, der stigmatisierte Pater vom Gargano, der ihn errettet hatte. So begab er sich eines Tages nach San Giovanni Rotondo. Dort hatte Pater Pio, als er ankam, gerade die Zelebration der heiligen Messe beendet und war dabei, die Paramente abzulegen. Der Hauptmann blickte ihn scharf an und dann rief er aus: «Aber das ist er, ganz genau, das ist er!» Er trat auf Pater Pio zu, warf sich ihm zu Füßen, nahm seine Hand und küßte sie, und mit Tränen der Rührung dankte er Pater Pio, daß er ihm an jenem Tag auf dem Schlachtfeld das Leben gerettet hatte. Pater Pio wandte sich ihm zu, legte ihm die Hand auf das Haupt und sagte voll Ruhe und Milde: «Nicht mir mußt du danken, sondern unserem Herrn und der Jungfrau!»

Natürlich habe ich euch geantwortet...!
Und an jenem Abend...?!

Ein junges englisches Ehepaar befand sich in schweren Problemen, die sie alleine nicht lösen konnten und die sie sehr bedrückten. Eines Tages sprach jemand von Pater Pio zu ihnen, dem stigmatisierten Kapuziner, an den sich so viele wandten und Trost und Rat und sogar Wunder empfingen. Das erweckte in ihrer Seele die Hoffnung, daß Pater Pio auch ihre Probleme lösen und ihnen die Fröhlichkeit zurückgeben konnte. Darum schrieben sie ihm einen Brief und warteten sehnsüchtig auf seine Antwort.

Die Tage vergingen, aber die Antwort kam niemals. Daher dachten sie, daß es vielleicht besser sei, nach San Giovanni zu fahren und Pater Pio persönlich ihre Probleme vorzulegen. Sie hatten keine großen finanziellen Mittel, daher kratzten sie ihre Ersparnisse zusammen und machten sich auf die Reise nach San Giovanni Rotondo. Sie hatten in Bern in der Schweiz einen Aufenthalt, wo sie in einer Pension der untersten Kategorie abstiegen. Sie waren in einer Dachkammer untergebracht, wo es kalt und muffig war. Es war Winter und schneite heftig. In dieser Situation begannen sie zu überlegen, ob es sich lohnte, eine so lange Reise fortzusetzen, mit der Aussicht, dann in San Giovanni Rotondo nicht einmal die Möglichkeit zu finden, an Pater Pio heranzukommen. Sie befanden sich in dieser Ratlosigkeit, als sie in ihrem Zimmerchen plötzlich einen feinen aber intensiven Duft wahrnahmen, der sie in eine angenehme Atmosphäre hüllte. Sie wurden sogleich davon aufgerichtet, fragten sich jedoch, woher dieser Duft käme. Sie untersuchten jeden Winkel der Kammer, fanden aber absolut nichts, wovon er herrühren konnte. Dann verschwand der Duft so plötzlich wie er gekommen war.

Sie wandten sich an den Besitzer der Pension um eine Erklärung dieses Phänomens, der aber fiel aus allen Wolken und sagte, daß bestimmt niemand Parfum in ihrem Zimmer versprüht hätte. Die jungen Eheleute machten sich jedoch weiter Gedanken darüber und entschlossen sich, die Reise doch fortzusetzen, mit der Absicht, vielleicht in San Giovanni Rotondo die Lösung des Rätsels zu finden. So setzten sie also die Reise fort und erreichten San Giovanni Rotondo. Als sie dort ankamen, erwartete Pater Pio sie, als würde er sie schon kennen. Sie sagten ihm, daß sie ihm geschrieben, aber niemals eine Antwort erhalten hätten. Und Pater Pio: «Natürlich habe ich euch geantwortet...! Und an jenem Abend im Hotel, habt ihr nichts bemerkt...?!» Da dachten sie sofort an jenes Ereignis und erkannten, daß

ihnen Pater Pio tatsächlich entgegengekommen war und sie er-
mutigt hatte, zu ihm zu kommen. Pater Pio hörte sie an, löste
alle ihre Probleme, und so konnten sie glücklich und heiter
nach England zurückkehren.

Ein Führer in der Wüste

Ein mit «Il Progresso Italo-Americano» betiteltes Blatt brachte unter anderem unter dem Datum des 24. Oktober 1949
folgende Geschichte.

Es lebte in Rom ein gewisser Pietro Cadice, dessen Sohn Gia-
como es in der Familie nicht mehr aushielt, sodaß er von zuhause davonlief, und, ohne irgend jemandem etwas davon zu sagen,
sich zur Fremdenlegion meldete.

Als seine Angehörigen sein Verschwinden bemerkten, wandten sie sich an verschiedene Polizeistationen in Italien, um ihn
zu suchen, aber ohne Ergebnis. Eines Tages kam ein Brief an, in
dem der Junge mitteilte, daß er in der Fremdenlegion sei und in
Sidi-Bel-Abbes Dienst mache, einem Ausbildungszentrum in
Afrika. Dort bliebe er bis zum Ende seiner Dienstzeit, das hieß
fünf Jahre lang. Vor diesem Termin würde er nicht nach Hause
zurückkehren können. Sein Vater Pietro verfiel in tiefste Trau-
rigkeit und wußte nicht, an welchen Heiligen er sich wenden
sollte, als ihm ein Freund von Pater Pio sprach und ihn einlud,
ihn aufzusuchen, um Hilfe und Rat zu finden. Er fuhr hin und
erzählte Pater Pio alle Geschehnisse mit seinem Sohn und bat
ihn, ihm zu helfen, daß er nach Hause zurückkehren könne. Pater Pio hörte ihm aufmerksam zu, legte ihm die Hand aufs
Haupt und blieb so einige Minuten ins Gebet versunken.
Schließlich sagte er: «Geh und bete. Beim dritten Mond wird
dein Sohn zu dir zurückkehren.»

Was sich dann ereignete, wurde ihm von seinem Sohn selbst
erzählt, als dieser zu dem vom Pater Pio genannten Datum endlich nach Hause kommen konnte. Es war eines nachts, er hielt
fiebernd auf einem vorgeschobenen Posten Wache, als er einen

Pater auf sich zukommen sah, der ihn an der Hand nahm und ihn einlud, ihm zu folgen. Sie marschierten einige Tage durch die Wüste und erreichten schließlich die Küste, wo sie Gelegenheit zur Überfahrt fanden. An diesem Punkt war der Pater plötzlich verschwunden. Der junge Mann schiffte sich ein und verließ das Schiff in Marseille, erreichte von hier aus Sardinien und kam von dort nach Hause. Die Freude aller, des Jungen und der Familie war groß, wie man sich vorstellen kann. Es blieb jedoch ein Rätsel, wer dieser Mönch war, der den Jungen durch die Wüste geführt hatte. Sein Vater Pietro zeigte dem Sohn ein Bild von Pater Pio, und der Junge erkannte sofort mit Tränen in den Augen, daß der es war, der ihn zu retten gekommen war, und die ganze Familie erkannte, daß Pater Pio sein Versprechen gehalten hatte.

Pater Pio in Kalifornien

Die Zeitung «L'Italia e la Voce del Popolo», erschienen in San Francisco, California (USA), berichtete unter dem Datum vom 3. März 1956 die Erzählung des Pater Giuseppe G. Tursi, R.C.J., aus der sich ergab, daß Pater Pio in der kleinen Stadt Fresno war, um einen Kranken zu heilen. Dieser Erzählung nach, hatte sich das so abgespielt.

In Fresno wohnte ein gewisser Bartolomeo Pollina, ein Auswanderer aus Sizilien, und schon seit vielen Jahren in diesem Städtchen ansässig. Er litt an einem unangenehmen Bruchleiden, das gefährlich zu werden begann, weshalb ihm die Ärzte rieten, sich möglichst schnell operieren zu lassen. Aber Herr Pollina wollte und wollte nicht unter das Messer. Er hatte durch ein dickes Buch und durch andere Publikationen von Pater Pio und den Wundern erfahren, die er vollbrachte. Darum hatte er Hoffnung gefaßt, daß Pater Pio ihn von seiner Krankheit befreien würde, ohne daß er sich der Operation unterziehen müsse. Aus diesem Grund hatte er ihm geschrieben und ihn gebeten, für ihn beim Herrn Fürbitte einzulegen. Ihm wurde die Antwort zuteil, daß Pater Pio sich für seinen Fall interessiere, auch ihn selbst bitte und auffordere zu beten und Vertrauen in den Herrn zu haben.

Mittlerweile war viel Zeit vergangen, ohne daß sich irgend etwas ereignet hätte. Aber eines Abends, als er spät noch wach im Bett lag, hörte er am Fußende des Bettes etwas wie den starken Atem einer Person. Er fuhr zusammen, aber dann kehrte alles in die Stille der Nacht zurück. Am nächsten Abend wiederholte sich dies, aber die Person schien an der Seite und nicht am Fußende des Bettes zu sein. Auch am dritten Abend hörte man den starken Atem, aber diesmal am Kopfende des Bettes. Schließlich fühlte Herr Pollina am Morgen nach diesem dritten Abend wie zwei Hände die Stelle seiner Bruchkrankheit abtasteten und alles an seinen natürlichen Platz zurückbrachten. Er war wach und verfolgte zitternd diese Operation mit der inneren Überzeugung, daß es Pater Pio sei, der gekommen war, ihn zu heilen. Und zugleich fühlte er ein großes Wohlbefinden und einen inneren Frieden. Als er sich erhob und die kranke Körperstelle betastete, bemerkte er, daß er vollkommen geheilt war. Und so konnte er wieder all seine Tätigkeiten ohne Behinderung aufnehmen. Er schrieb voller Freude und Dankbarkeit einen Brief an Pater Pio, dankte ihm, daß er seine Bitte erfüllt hätte und versprach ihm, immer besser und christlicher zu leben. Darauf ließ Pater Pio ihm antworten, er solle dem Herrn danken und immer Vertrauen auf Ihn haben.

Ich kenne sie besser als du

Im Jahre 1949 wurde in Pietrelcina (BN), dem Geburtsort Pater Pios, eine neue Kirche zu Ehren der Heiligen Familie errichtet. Als die Arbeiten beinahe abgeschlossen waren, faßte man Pläne für die Einweihung. Am 19. Mai sollte Msgr. Agostino Mancinelli die Kirche weihen und am folgenden Tag, dem 20. Mai, die feierliche Eröffnung sein. Zu diesem Anlaß hatten die Superioren Kapuziner-Provinziale und der Superior des

Konventes von San Giovanni Rotondo einen Plan ausgearbeitet, auch Pater Pio einzubeziehen. Damit alles gut und ohne Aufregung des Volkes ablaufe, war man übereingekommen, absolutes Stillschweigen zu bewahren. Aber wie das manchmal passiert, verbreitete sich trotz allem die Nachricht von diesem Vorhaben. Es wurde alles über den Haufen geworfen und Pater Pio konnte nicht nach Pietrelcina gebracht werden. Es schien daher, daß er nichts von dieser Einweihung der neuen Kirche wußte. Jedoch sagte Pater Alberto D'Apolito zu ihm: «Pater Spiritual (so wurde Pater Pio von seinen Mitbrüdern genannt), Sie sollten einmal die neue Kirche kennenlernen..., sie ist sehr schön!»

Pater Pio: «Ich kenne sie besser als du.»

Pater D'Apolito: «Haben Sie vielleicht ein Foto gesehen?»

Pater Pio: «Ich bin dort gewesen. Ich kann dir die kleinsten Details beschreiben, die Stufen vor dem Eingang, die du nicht kennst...»

Tatsächlich wußte Pater D'Apolito nicht, wieviele Stufen vor dem Eingang waren, er hatte sie nie gezählt.

Aber die Anwesenheit Pater Pios in Pietrelcina wurde auch durch das Tagebuch des damaligen Provinzial Superiors, P. Agostino da San Marco in Lamis, belegt. Er schreibt, daß er eines Tages zu Pater Pio gesagt hätte, er wäre vor Freude gestorben an dem Tag, an dem er die Eröffnung des Konventes von Pietrelcina erlebt hätte, worauf Pater Pio ihm antwortete: «Aber ihr werdet der Guardian von Pietrelcina sein, nach eurem Provinzialat!»

Und Pater Agostino: «Und wirst auch du bei der Weihe anwesend sein?»

Und Pater Pio: «Ich werde anwesend sein in Pietrelcina und gleichzeitig werde ich im Beichtstuhl von San Giovanni Rotondo sitzen.»

Pater Pio in Uruguay

Der Generalvikar der Diözese von Salto in Uruguay, Msgr. Damiani, wollte sich in San Giovanni Rotondo niederlassen, um in der Nähe von Pater Pio seine Tage zu beschließen.

Als er deshalb eine Frage an Pater Pio richtete, bekam er zur Antwort, daß sein Platz seine Diözese in Salto sei und nicht San Giovanni Rotondo. So bat er ihn, daß er ihm wenigstens im Moment seines Todes beistehe. Pater Pio sammelte sich einen Moment im Gebet, dann versprach er ihm, daß er kommen würde. Er hielt auch sein Versprechen auf die Weise, wie es später Msgr. Barbieri, der Erzbischof von Montevideo, berichtete.

Die Dinge liefen so ab. Im Jahre 1941 feierte Msgr. Alfredo Viola, der Erzbischof von Salto, sein Jubiläum. Viele andere Bischöfe waren zu seiner Feier gekommen, auch Msgr. Barbieri. Dieser wurde eines nachts durch Klopfen an seiner Türe aus dem Schlaf gerissen. Er sprang aus dem Bett und sah einen Kapuziner in sein Zimmer kommen, der zu ihm sagte: «Geht zu Msgr. Damiani, er liegt im Sterben.» Msgr. Barbieri zog sich rasch an, nahm mit, was er brauchte, um dem Sterbenden beizustehen, und eilte mit einigen anderen Priestern zu Msgr. Damiani, den er tatsächlich sterbend antraf, jedoch noch mit klarem Geist. Er gab ihm das Sterbesakrament und die Ölung und dann entschlief er in tiefem Frieden. Auf dem Nachtkästchen beim Bett fand er einen Zettel, auf dem mit zitternder Hand geschrieben war: «Pater Pio ist gekommen.» Er nahm dieses Zettelchen an sich und bewahrte es sorgfältig auf, in der Absicht, dies zu verifizieren, wenn er nach Italien käme. Und am 13. April 1949, er befand sich zu seinem ad limina Besuch beim Papst, benützte er die Gelegenheit und reiste nach San Giovanni Rotondo. Er traf Pater Pio, den er sofort als den Kapuziner wiedererkannte, der ihn in jener Nacht aufgeweckt hatte, damit er Msgr. Damiani beistehe. Wie auch immer, er wollte ihn genau befragen, ob er in Uruguay gewesen sei. Pater Pio hüllte sich in Schweigen und wollte das Geschehnis verheimlichen. Msgr. Barbieri glaubte, daß er nicht verstanden hätte und wiederholte seine Frage, aber Pater Pio schwieg weiter. Da begriff er, daß die Geschichte wahr sei, daß Pater Pio aber nicht darüber reden wollte und er sagte: «Ich verstehe.» Da fügte Pater Pio noch hinzu: «Ja, ja..., sie haben verstanden.»

Pater Pio ist da, und er ist nicht da

Eines Tages fuhr auf dem Platz vor dem Konvent in San Giovanni Rotondo ein Luxusauto vor, aus dem einige elegante Damen stiegen, angeführt von einem Stutzer, der große Sicherheit zur Schau stellte, Pater Pio verspotten zu können. Mit steifer Würde fragte er die Leute, die auf dem Platz standen: «Wo ist Pater Pio?» Man antwortete ihm: «In der Sakristei, wo er Beichte hört.» Da geht der Stutzer schnurstracks in die Kirche und stürzt rücksichtslos und ohne sich um irgend etwas zu kümmern, in die Sakristei. Und da er den Pater nicht sieht, fragt er die, die um den Beichtstuhl stehen: «Wo ist Pater Pio?» — Gerade eben ist er aus dem Beichtstuhl in die Kirche gegangen. Haben sie ihn nicht gesehen?», antwortet man ihm. Er antwortet: «Nein.» Und man fügt noch hinzu: «Aber das ist unmöglich! Er war genau dort, wo Sie hereingekommen sind.» Der Stutzer und die Damen seines Anhanges beginnen die Fassung zu verlieren. Mittlerweile kommen einige Fratres herbei, die erfahren hatten, worum es sich handelte, und die sich nun auf die Suche nach Pater Pio machen. Aber wenn sie auch jeden Winkel des Konventes, des Gartens und der Kirche durchsuchen, von Pater Pio ist keine Spur zu finden. Voller Verwunderung und Bedauern kommen sie zurück und sagen: «Es tut uns sehr leid, aber wir können ihn nirgends finden!» Der junge Mann, der ihn suchte, wollte voller Ungeduld wissen: «Aber er ist doch weggegangen von hier, wohin ist er gegangen?» «Pater Pio», so antworten ihm die Fratres, «geht niemals hinaus! Wir wissen es nicht, wir wissen überhaupt nicht, wo er sein könnte.» Da beschließt die hübsche Gesellschaft wutschnaubend, die Suche abzubrechen, besteigt wieder das Auto und fährt schimpfend und fluchend davon. Die Menschen blicken dem Wagen nach, der auf der Straße entschwindet, und als sie sich wieder zur Kirche umwenden, erblicken sie zu ihrem großen Erstaunen Pater Pio. Man fragt ihn überrascht: «Pater, wo haben Sie gesteckt? Man hat Sie überall gesucht und konnte Sie nicht finden.» Und Pater Pio antwortete: «Aber ich war hier, ich ging hier vor euch auf und ab, aber ihr habt mich nicht gesehen.» Dann trat er wieder in die Kirche und nahm die Beichte wieder auf.

Verrücktgewordene Flugzeuge

Während des Zweiten Weltkrieges wurde dem General der amerikanischen Militärbasis des Standortes Bari, ein Lager von deutschem Kriegsmaterial in der Nähe von San Giovanni Rotondo gemeldet. Er organisierte also einen Luftangriff, um dieses Lager zu zerstören und wollte selbst das Luftgeschwader anführen, das diesen Angriff auszuführen hatte. Als sie aber in die Nähe des Waffenlagers gekommen waren, sah er einen Pater mit erhobenen Händen. Da gehorchten die Flugzeuge den Befehlen nicht mehr, und nachdem sie automatisch ihre Bomben in einer Waldzone ausgeklinkt hatten, drehten sie um und kehrten zur Basis zurück. Der General konnte sich den eigenartigen Vorfall nicht erklären. Er diskutierte ihn mit seinen Offizieren und Piloten, ohne zu einer plausiblen Erklärung zu gelangen. Wer konnte dieser Mönch sein, der seine Mission verhindert und seine Flugzeuge verrückt gemacht hatte? Ein Rätsel!

Eines Tages berichtete man ihm von einem Mönch am Gargano, der sich Pater Pio nannte und Wunder vollbrachte. Er argwöhnte, daß genau dieser es gewesen sei, der die Bombardierung des deutschen Waffenlagers gestoppt hatte, und begab sich nach San Giovanni Rotondo um dies zu verifizieren. In der Sakristei der Kirche traf er einige Mönche an, unter ihnen aber erkannte er sofort in Pater Pio den, den er gesehen hatte, wie er das Bombardement verhinderte. Pater Pio trat auf ihn zu, legte ihm die Hand auf die Schulter und sagte: «Du bist also der, der uns allen den Garaus machen wollte...!» Der General war verblüfft und eingenommen vom Blick und der Erscheinung des Pater Pio. Er sprach mit ihm, er konvertierte zum Katholizismus und blieb ein Freund und Verehrer von Pater Pio für den Rest seines Lebens. Aber da ist noch ein merkwürdiges Detail anzumerken. Pater Pio hatte zu ihm in seinem beneventischen Dialekt gesprochen, der General hatte seine Worte jedoch in perfektem Englisch gehört!

Pater Pio in Maglie di Lecce

Es war im Jahre 1947, als sich der Vater eines Kapuzinerpaters des Klosters in Maglie (Lecce) in Lebensgefahr befand, und zwar wegen eines Rückenleidens, das so stark war, daß er nicht mehr gehen konnte und ans Bett gefesselt war, von dem er sich nicht mehr erheben würde, wie alle glaubten.

Der Sohn jedoch kannte Pater Pio und hatte großes Vertrauen zu ihm, schrieb ihm und bat ihn inständig, er möge seine Fürsprache beim Herrn einlegen für seinen Vater, mit dem es langsam zu Ende gehe. Pater Pio ließ ihm antworten, daß er für den Kranken beten würde und daß er auf den Herrn vertrauen solle.

Mittlerweile jedoch verstrichen die Tage, und die Krankheit nahm ihren unerbittlichen Lauf und brachte den Kranken dem Tod immer näher. Da sah der Kranke eines nachmittags ganz plötzlich bei seinem Bett einen Mönch mit einem Bart, der sich ihm voller Liebe zuwandte und sagte: «Leide... leide... mit Geduld!»

Die gleiche Szene wiederholte sich am zweiten und am dritten Tag und dann an sieben aufeinanderfolgenden Tagen. Aber am Zustand des Kranken änderte sich nicht nur nichts, sondern alles verschlechterte sich bis zum zehnten Tag so sehr, daß man sich entschloß, ihm die Sterbesakramente zu geben. Aber am Nachmittag erschien wieder die Gestalt des Mönches, der diesmal sagte: «Jetzt ist es genug!» Von diesem Augenblick an kehrte sich der Krankheitsverlauf um, und der Patient fühlte sich progressiv und konstant besser und immer besser, bis er vollkommen geheilt war und wieder aufstehen und seiner Arbeit in den Feldern nachgehen konnte wie früher. Seinem Sohn, dem Kapuzinerfrater, war es klar, daß Pater Pio interveniert hatte nach dem Plan der Vorsehung, und er schrieb ihm, um ihm zu danken.

Die Flüche des Töpfers

Ein lästerliches Sprichwort sagt: Mit einem Fluch kann man alles anzünden. Und Flüche gebrauchte ein Töpfer aus Torre Maggiore mehr als genug seit einigen Tagen, weil es ihm aufgrund eines andauernden Südwinds nicht gelang, seinen Brennofen einzuheizen. Sein Zorn wuchs und wuchs, da er sah, daß er seine Töpfe nicht brennen konnte und daß ein Tag um den anderen verging, ohne daß er eine Lira verdienen konnte. Er hatte schon beinahe sein Repertoire an Flüchen erschöpft, als es ihm in den Sinn kam, auch auf Pater Pio loszugehen, als dieser ganz plötzlich hinter ihm stand und sagte: «Der Friede sei mit dir!» Man kann sich ausmalen, wie sehr der Töpfer gerade an Frieden dachte! Er antwortete, daß wegen dieses verdammten Windes der Brennofen nicht einzuheizen war und daß er keinen Frieden habe, bis der Ofen brenne. Pater Pio wiederholte: «Der Friede sei mit dir!», dann setzt er sich auf eine Kiste und macht eine Geste, als wolle er um Feuer bitten. Da er aber sieht, daß der Töpfer so zornig wie noch nie ist, fügt er hinzu: «Ich zünde dir den Ofen an.» Darauf der Töpfer: «Was, bist du auch so einer wie jener Betrüger von Pater Pio, der seine Wunder für die Einfältigen vollbringt?» «Ich bin Pater Pio.» Das Feuer beginnt plötzlich zu brennen, und der Töpfer sieht gerade noch den Pater entschwinden, welcher ihm noch zuruft: «Michele, habe keine Angst, und fluche nicht mehr!»

Eine Stimme aus dem Megaphon

In den Wirren, die dem Sturz des Faschismus folgten, wurde eine geistige Tochter Pater Pios ungerechterweise als «Kollaboratorin» von den Partisanen ergriffen und in einem raschen Prozeß zum Tode verurteilt. Sie war vollkommen unschuldig, konnte dies aber nicht beweisen. In dieser Bedrängnis begann sie, von der Angst ergriffen, Pater Pio aus tiefster Seele anzurufen, daß er ihr zu Hilfe eile. Inzwischen wurde sie zum Ort der

Exekution geführt. Plötzlich, als sie gerade eine Straße über-
querten, tauchte eine Kolonne von Panzerspähwagen, Lazarett-
autos und Lastwagen mit Truppen auf, die vom Süden nach
dem Norden zurückkehrten. Der Geleitzug der Partisanen,
welcher das Mädchen zur Exekution brachte, war gezwungen,
anzuhalten, bis die ganze Kolonne des Militärs vorbei war. Das
Mädchen dachte, daß der Truppendurchzug zuende sei, und
daß man nun den Marsch wiederaufnehmen und sie erschossen
würde. Darum rief sie mit immer wachsendem Glauben zu Pater Pio. Die Militärkolonne jedoch dauerte viel länger als vor-
herzusehen war, und in der Zwischenzeit waren die Partisanen
müde und hatten sich verstreut: Nur der Kommandant war wie
stumpfsinnig auf seinem Platz geblieben.

In dieser Zeit hatten einige Freunde des Mädchens, die erfahren hatten, was geschehen war, in aller Eile Beweise für ihre
Unschuld gesammelt und sie den zuständigen Personen gebracht. Und während sie noch an der Straße stand und ihr
Schicksal erwartete, hielt plötzlich vor ihr ein Auto, aus dem
ein Herr stieg, der kategorisch erklärte, daß sie frei sei und
sich anerbot, sie sofort nach Hause zu bringen. Aber während
sie so unerwartet die Freiheit wiederfand, spielte sich bei ihr
zu Hause eine abscheuliche Szene von Plünderung ab: Einige
Verbrecher hatten in der Meinung, daß das Mädchen erschossen worden sei, begonnen, ihr Haus auszuplündern zum
Schrecken ihrer Schwester, die dieser Szene beiwohnte, ohne
daß sie eingreifen konnte, bis man zweimal eine mächtige Stimme hörte, die rief: «Genug! Genug!» Die Verbrecher ließen bei
diesem Schrei alles liegen und stehen und ergriffen die Flucht.
Als nun das Mädchen nach Hause kam und von ihrer Schwester erfuhr, was vorgefallen war, war sie sofort überzeugt, daß
diese Stimme, die die Plünderer in die Flucht getrieben hatte,
nur die Stimme von Pater Pio gewesen sein konnte, der sie somit nicht nur vom Tode, sondern auch vor diesen Verbrechern
geschützt hatte. Einige Zeit danach, sobald es ihr möglich war,
fuhr sie nach San Giovanni Rotondo und dankte Pater Pio,
der sie mit einem Lächeln empfing und sagte: «Du weißt

nicht, meine Tochter, wie sehr du mich mit deinem Glauben angetrieben hast!»

Ein eigenartiger Weg, um hinauszugehen

Nachdem Pater Pio die Stigmen empfangen hatte, entwickelte sich ein großer Zustrom von Menschen, die ihn sehen und bei ihm beichten wollten. Die Pilger kamen von überall her in täglich größeren Scharen und bereiteten nicht nur Pater Pio, sondern auch den anderen Mitbrüdern in San Giovanni Rotondo enorme apostolische Arbeit. Sehr schnell war die Kirche zu klein geworden, um alle Menschen aufzunehmen, die herbeikamen, und häufig kam es vorallem im Sommer zu einem Gedränge, das zu einer öffentlichen Gefahr wurde. An einem Sommertag einmal war die Kirche derart voll, daß die Luft zum Ersticken war und die Gefahr bestand, daß, wenn jemand ohnmächtig wurde, an den Türen ein lebensgefährliches Gedränge entstünde. Als Pater Pio diese Gefahr sah, entschloß er sich, den Beichtstuhl zu verlassen und ins Freie hinaus zu gehen; benützte dazu aber einen sehr ungewöhnlichen Weg: Ohne von irgend jemandem gesehen zu werden, schritt er durch die Menge, indem er auf den Schultern der Personen dahinging. Alle bemerkten, daß er nicht mehr im Beichtstuhl war, aber niemand konnte sich erklären, wie er ihn verlassen haben konnte. Pater Agostino, vormals Provinzial und Spiritual Pater Pios, fragte ihn, als er ihn sah: «Aber wie hast du das gemacht, da herauszukommen, da die Menschen da drinnen so dicht gedrängt beisammen standen?»

«Ich bin über ihre Schultern herausgegangen», sagte Pater Pio.

«Und ihre Köpfe haben dich nicht beim Gehen gehindert?»

«Nein, Padre, die gingen wie Schotter zur Seite.»

Vom Duft geleitet

Giuseppe Onufrio war ein Finanzbeamter. 1942 tat er am Finanzamt von Rieti Dienst, später wurde er nach Lucera in der Provinz Foggia versetzt. Atheist in seiner Jugend, hatte er sich später, als er sich auf die Ehe vorbereitete, der Religion zugewandt. Zu diesem Anlaß hatte er auch eine Beichte abgelegt und die erste Kommunion und die Firmung empfangen. Dann begann ein christliches Leben, das ziemlich seicht und lau war. In Lucera jedoch hörte er von Pater Pio sprechen und von den Wundern, die er vollbrachte. In ihm entstand der Wunsch, ihn aufzusuchen, wofür sich im April 1943 eine Gelegenheit ergab. Er trat in die Kirche und sah Pater Pio die Messe zelebrieren, und in seiner Seele begann sich etwas zu bewegen. Er wollte bei ihm beichten. Als Pater Pio ihn vor sich sah, stellte er ihm eine Frage, auf die Onufrio keine Antwort zu geben wußte. Da sagte der Pater, er solle in die Kirche gehen und warten, bis er ihn rufen würde. Wieviel Mühe hat es doch gekostet, all die Stunden zu warten, bis er gerufen wurde. Er war schon ungeduldig geworden und wäre schon beinahe weggegangen. Aber schließlich rief ihn Pater Pio doch noch, und die Beichte begann. Während der ganzen Zeit der Beichte hielt Pater Pio seine rechte Hand ganz fest. Am Ende der Beichte, als Onufrio wegging, merkte er sofort, daß die Hand, die Pater Pio so fest gehalten hatte, einen wunderbaren Duft ausströmte, und dieses Phänomen dauerte zwei Monate an. Er kehrte in dieser Zeit auch wieder zu Pater Pio zurück, um ihn zu konsultieren, ob er eine Versetzung anstreben solle oder nicht, und bekam die Antwort, daß er es tun könne, aber großen Schwierigkeiten entgegengehe. Daher wandte er sich dorthin und dahin. Auf all diesen Reisen begleitete ihn der Duft des Pater Pio auf seiner rechten Hand. Zuletzt fand er, was er sich gewünscht hatte und ließ sich schließlich und endlich in Palermo nieder. Am 18. Dezember 1944 begab er sich mit seiner Familie nach San Giovanni Rotondo, um Pater Pio zu danken und bei ihm zu beichten. Als erste ging seine kleine Tochter in den Beichtstuhl und Pater Pio, obwohl er sie noch nie gesehen hatte, fragte sie: «Ist dein Papa jetzt zufrieden?» Dann kam das Brüderchen an die Reihe, und diesem sagte er, obwohl er auch ihn noch nie gesehen hatte: «Warum bist du hergekommen? Du bist schon in der Gnade Gottes. Geh' und bleib immer so.»

Auf den Schultern des Monsignore

Ein Monsignore aus Florenz, D'Indico von Namen, hatte eine Schwester, die von Paratyphus befallen war und im Koma lag. Die Angehörigen hatten an Pater Pio geschrieben und um seine Fürsprache bei Gott gebeten für die Heilung der Kranken. Ihr Bruder, Msgr. D'Indigo, befand sich am 20. Juli 1921 in seinem Büro, als er plötzlich das Gefühl hatte, als stehe irgend jemand auf seinen Schultern. Er blickte sich um und sah gerade noch einen Frater, der sich entfernte. Er dachte, daß Pater Pio gekommen wäre und hatte Angst. Darum verließ er schnell sein Studio und ging hinaus. Es begegnete ihm sein Kaplan, dem er erzählte, was ihm widerfahren war, dieser jedoch schenkte seinen Worten wenig Glauben und hielt das alles für eine Halluzination aufgrund seines Zustandes zufolge des unmittelbar bevorstehenden Todes seiner Schwester. Er versuchte ihn daher etwas davon abzulenken und ihm zu helfen, die Sache eher scherzhaft zu betrachten. Als beide wieder das Haus betraten, hörten sie, daß die Schwester nach ihnen rief. Sie war plötzlich aus dem Koma erwacht und berichtete, daß Pater Pio bei ihr gewesen sei und ihr gesagt habe: «Habe keine Angst, morgen wird das Fieber verschwinden, und in wenigen Tagen wird dein Körper keine Spur der Krankheit mehr haben.» Sie hatte ihm geantwortet, daß sie ihn als einen Heiligen verehre, der gekommen war, sie zu heilen, sie empfahl ihm ihren Gatten und ihre Tochter und bat ihn schließlich, seine Hände küssen zu dürfen. Pater Pio reichte ihr seine stigmatisierten Hände und, sich verabschiedend, sagte er noch: «Ich lasse dir die Erinnerung an mein Kommen: 20. Juli 1921.» Die Frau erholte sich vollkommen innerhalb weniger Tage, genau wie Pater Pio vorhergesagt hatte.

Andere Fälle von Bilokation

Im Juli 1921 war Pater Pio auch am Bett des sterbenden Msgr. Paolo Schinosi, Bischof von Benevento, desselben, der ihn am 10. August 1910 zum Priester geweiht hatte.

Cleonice Morcaldi wiederum erzählte, daß Pater Pio einmal in Bilokation in Rom war, seine Schwester zu besuchen, die dort im Kloster lebte. Dieselbe erzählte auch, daß Pater Pio einmal in der Christnacht seinen Vater Grazio Forgione in Amerika besuchte.

Oberst Russo aus Caserta versichert, daß er, als er in Indien in einem Konzentrationslager in Gefangenschaft war, jede Nacht Pater Pio gesehen hätte, der gekommen sei, die Gefangenen zu besuchen. Viele von diesen begaben sich nach ihrer Rückkehr in die Heimat nach dem Ende des Krieges nach San Giovanni Rotondo, um Pater Pio zu danken, und dieser habe jeden einzelnen von ihnen wiedererkannt.

Don Orione, den alle als einen Heiligen ansehen, versichert ohne Zögern, Pater Pio während der Kanonisierung der heiligen Theresa vom Jesuskind in der St.-Peters-Basilika in Rom gesehen zu haben.

Ingenieur Gaetano Pavone, Artillerist des amerikanischen Heeres, sah, als er über die Vorgebirge des Gargano flog, in der Zone zwischen dem Lago di Varano und dem Lago di Lesina, die Figur von Pater Pio, die den ganzen Himmel vor ihm bedeckte. Er wollte sehr lange Zeit nicht darüber sprechen aus Angst, ausgelacht zu werden, obwohl er dessen ganz sicher war, was er gesehen hatte. Erst am Tag des Todes von Pater Pio, am 23. September 1968, erzählte er davon seiner Gattin, und diese verbreitete, wie nicht anders zu erwarten, die Nachricht.

Es ist bekannt, daß sich Pater Pio auch nach Budapest begeben hat, um Kardinal Joseph Mindszenty alles zur Feier der heiligen Messe Nötige zu bringen, als sich dieser in die amerikanische Botschaft geflüchtet hatte.

Bekannt geworden ist auch, daß Pater Pio in ein Nonnenkloster in der Tschechoslowakei kam, um die heilige Messe zu zelebrieren. Die Schwestern waren sich der Anwesenheit des Pater Pio so sicher, daß sie nach der Messe hingingen, um sich zu bedanken, daß er gekommen sei, und ihn zu einem Kaffee einzuladen. Aber wie groß war ihre Verwunderung, als sie Pater Pio nicht mehr antrafen, weil er mittlerweile wieder entschwunden war.

Es sind dies mit Sicherheit nicht alle Episoden von Bilokation des Pater Pio, denn er war immer sehr darauf bedacht, Gottes Geschenke für ihn nicht allgemein bekanntzumachen. Dies hier sind nur einige, die durch besondere Umstände an die Öffentlichkeit gelangt sind.

6.

Ein Strom von Gesundheit

Viele waren es, die sich an Pater Pio noch zu Zeiten seines irdischen Lebens wandten (und viele sind es noch heute, die sich an ihn wenden), um durch seine Fürsprache die Gesundheit vom Herrn zu erlangen. Pater Pio betonte immer nachdrücklich, und manchmal sogar mit Heftigkeit, wie es im Wesen seines Charakters lag, daß nicht er es sei, der die Kranken heile, sondern der Herr. Er selbst beschränke sich darauf, für die Kranken zu beten. Es bleibt das Faktum jedoch bestehen, daß, wenn er betete, der Herr die Kranken heilte. Die Liste dieser Heilungen wäre zu lange, wollte man sie vollständig aufzählen. Wir beschränken uns daher darauf, nur einige der eindruckvollsten Heilungen zu beschreiben, sodaß man erkennen kann, daß Pater Pio nach dem Plan Gottes unter anderem auch ein Kanal der Gesundheit sein mußte. Er jedoch fragte sich an einem bestimmten Moment: Viele erlangen von Gott auf außergewöhnliche Weise Heilung ihrer Krankheiten. Aber warum sind jene, die nicht in diesem Plan enthalten sind, dazu bestimmt, das Kreuz all ihrer Übel tragen zu müssen? Kann man nicht auch für diese etwas tun? Und so geschah es, daß ihm dieses großartige Werk in den Sinn kam, das den Namen «Casa Sollievo della Sofferenza» trägt (Haus der Linderung der Leiden). In seinem Gedanken sollte das nicht einfach ein Hospital sein, sondern ein «Haus», in dem christliche Brüder lebten, die in sich das Abbild des Herrn tragen, welchem man alles das Gute erweisen müßte, wenn man ihn sehen könnte. Er hat ja tatsächlich gesagt: «Alles, was ihr dem geringsten meiner Brüder getan habt, das habt ihr mir getan.» Daher sollte dieses Haus unter all diesen Aspekten modellhaft sein: menschlich, christlich, medizinisch, wissenschaftlich, technisch usw. Für dieses grandiose Werk appellierte Pater Pio an alle Guten der Welt, und Hilfe traf aus allen Himmelsrichtungen ein. Interessant zu wissen ist aber, welches der «erste finanzielle Baustein» für dieses Werk war.

Als sich die Nachricht verbreitete, daß Pater Pio die «Casa Sollievo della Sofferenza» gründen wolle, kam eines morgens ein altes Weiblein zu ihm, das ihm eine Goldmünze schenkte. Pater Pio wußte, wie arm dieses alte Mütterchen war und sagte: «Ich danke euch! Aber behaltet doch dieses Geld für euch: Ihr braucht es doch!» Und das Weiblein: «Aber Pater, nehmen Sie es!»

Pater Pio aber bestand darauf: «Aber nein, warum müßt ihr euch das Brot vom Mund absparen? Macht es doch wie ich sage: Behaltet es für euch, ihr werdet es brauchen.»

Dem alten Mütterchen kamen nun Zweifel und tief gedemütigt sagte es: «Ihr habt recht, Vater, es ist viel zu wenig!» Da war Pater Pio ganz gerührt und sagte: «Nun, so gebt es mir, und Gott möge euch segnen!»

Als dann der Augenblick kam, daß man die Finanzierung für den Bau der Casa Sollievo della Sofferenza in Angriff nehmen mußte, sagte Pater Pio zum Verwaltungskomitee: «Ich möchte es sein, der beginnt!», und zog diese Goldmünze hervor. Hat dies nicht den Duft des Evangeliums?

Ein kleiner Toter im Koffer

Eine Mutter hatte ein Kind von sechs Monaten, welches dermaßen krank war, daß es sich trotz aller medizinischen Kuren unaufhaltsam dem Tode näherte. Da wollte die Mutter in einem äußersten Ansturm des Glaubens versuchen, es zu retten, indem sie es zu Pater Pio brachte, in der Hoffnung, daß seine Fürsprache bei Gott es heilen würde.

Die Reise war weit, aber das entmutigte sie nicht; sie setzte sich dennoch in den Zug. Während der Fahrt starb das Kind jedoch. Sie wickelte den kleinen Leichnam in einige Wäschestücke und legte ihn in einen geflochtenen Koffer.

In San Giovanni angekommen, eilte sie in die Kirche und stellte sich in der Reihe der Frauen zur Beichte an, immer mit dem Koffer in der Hand. Als die Reihe an sie kam, kniete sie vor Pater Pio hin, öffnete den Koffer und weinte voller Verzweiflung. Dieser Szene wohnte auch Dr. Sanguinetti bei, ein Konvertierter und die rechte Hand des Pater Pio in der Casa Sollievo della Sofferenza. Er sah sofort, daß das Kind, wenn es auch nicht an der Krankheit verstorben war, an der es gelitten hatte, sicherlich nicht an Erstickung gestorben sein konnte in den vielen Stunden während der langen Reise, die es in diesem Koffer lag.

Pater Pio erbleichte vor diesem Anblick und war zutiefst ergriffen. Dann hob er seinen Blick zum Himmel und betete einige Minuten ganz intensiv. Dann wandte er sich ganz plötzlich der Mutter des Kindes zu und rief: «Aber warum schreist du so? Siehst du nicht, daß dein Kind schläft?» Und wahrhaftig: Das Kind schlief jetzt ganz friedlich. Die Freudenschreie der Mutter und aller, die dies miterlebt hatten, waren unbeschreiblich.

Sehend ohne Pupillen

Ist es möglich, ohne Pupillen zu sehen? Menschlich gesprochen, nein. Und dennoch gibt es jemanden, Frau Gemma De Giorgi, die, seit ihr Pater Pio die Hände auf die Augen legte und das Kreuzzeichen machte, normal sieht, obgleich sie ohne Pupillen geboren wurde und bis heute geblieben ist!

Dies hat sich so ereignet. Bei Gemma De Giorgi, die in Ribera (Agrigento) in der Christnacht 1939 geboren wurde, zeigte sich sehr bald, daß sie ganz eigenartige Augen hatte, an denen etwas fehlte. Die Untersuchung durch den Dorfarzt brachte keine Erklärung, man riet den Eltern, zu zwei Spezialisten nach Palermo

zu fahren, zu Dr. Cucco und zu Dr. Contino. Diese beiden konstatierten, daß dem Kind die Pupillen fehlten und es daher für
das ganze Leben blind bleiben würde, denn ohne Pupillen kann
man nicht sehen.

Die Eltern waren verzweifelt. Sie hatten jedoch Vertrauen in
die Vorsehung Gottes und gingen darum häufig in die Kirche,
um vor einem Marienaltar zu beten.

Eines Tages kam eine Tante zu Besuch, welche Klosterschwester war. Diese gab ihnen den Rat, sich an Pater Pio zu wenden.
Sofort erklärte sich die Großmutter des blinden Mädchens bereit, es nach San Giovanni Rotondo zu bringen. Mittlerweile
bat sie die Klosterschwester, an Pater Pio zu schreiben, um ihn
zu bitten, daß er ihnen helfe. Dies tat sie sogleich und mit großem Nachdruck. Eines nachts träumte sie von Pater Pio, der zu
ihr sagte: «Wo ist diese kleine Gemma, für die ihr mit so vielen
Bitten meinen Kopf betäubt?» Die Schwester, immer noch im
Traum, zeigte ihm die blinde Gemma, und Pater Pio machte ein
Kreuzzeichen auf ihre Augen.

Am Tag nach diesem Traum empfing die Schwester das Ant-
wortschreiben von Pater Pio, in welchem er sagte: «Liebe Tochter, ich versichere, daß ich für das Kind beten werde und ihm
das Beste wünsche.» Sie war vom Zusammentreffen des Trau-
mes und des Schreibens von Pater Pio betroffen und riet der
Großmutter, ohne Zögern nach San Giovanni Rotondo zu reisen. Die Großmutter ließ sich das nicht zweimal sagen, nahm
das Kind und begab sich auf die Reise. Als sie im Zug fuhren,
sagte die kleine Gemma zur Großmutter, daß sie glaube, etwas
sehen zu können. Aber diese konnte es nicht glauben, da die
Kleine ja keine Pupillen besaß.

In San Giovanni Rotondo angekommen, liefen die Großmutter und Gemma sogleich in die Kirche, um bei Pater Pio zu
beichten. Das Kind hatte die Erstkommunion noch nicht gemacht, und darum wollte man die Gelegenheit ergreifen, sie bei
Pater Pio selbst zu machen. Die Großmutter schärfte dem Mädchen ein, wenn es an die Reihe gekommen wäre, Pater Pio zu
bitten, daß er für die Heilung der Augen bete, aber das Kind

vergaß es darauf. Als Pater Pio jedoch das Mädchen sah, berührte er dessen Augen mit der Hand und machte ein Kreuzzeichen darauf.

Nach der Beichte fragte die Großmutter, ob Gemma den Pater Pio um sein Gebet für ihre Heilung gebeten habe, das Kind aber antwortete, daß es dieses vergessen habe. Da überfiel die Großmutter große Angst, sie bagann zu weinen. Sie ging dann selbst zu Pater Pio, um ihn um seine Fürbitte für Gemma zu bitten. Pater Pio sagte zu ihr: «Habe Glauben, meine Tochter. Das Kind soll nicht weinen, auch du darfst dir keine Sorgen machen. Gemma kann sehen und du weißt es.»

Das Kind empfing die erste Kommunion aus den Händen von Pater Pio, welcher, nachdem er ihm die Hostie gereicht hatte, ein Kreuzzeichen auf seine Augen machte. Dann kam der Moment der Abreise. Als sie wieder im Zug fuhren, bemerkte das Kind, daß es immer klarer sehen konnte, bis es zuletzt ganz normal sah. Wie groß aber war zuhause die Verwunderung und die Freude, daß Gemma ganz normal sehen konnte, obgleich sie keine Pupillen hatte. Die Eltern brachten sie zu Spezialisten, die nur konstatieren konnten, daß es keine menschliche Erklärung dafür gäbe, daß sie ohne Pupillen sehen könne. Ihre Sehfähigkeit blieb ihr bis heute erhalten, sie reist jetzt von Zeit zu Zeit herum, um ihr schönes Erlebnis zu erzählen.

Das Bein ist steif, aber... es biegt sich dennoch ab

Am 26. Juni 1946 fuhr Giuseppe Canaponi aus Sarteano (Chiusi), ein Angestellter der Eisenbahn, mit seinem Motorrad zur Arbeit, als er von einem Lastauto erfaßt und niedergestoßen, und dabei sein linkes Bein zertrümmert wurde. Im Spital gelang es den Ärzten mit Mühe und Not, ihn am Leben zu erhalten, jedoch nicht die Beweglichkeit seines linken Beines zu retten, welches steif und gelähmt blieb.

Canaponi fand sich nicht mit seinem Zustand ab, sondern wollte alles nur Mögliche versuchen, um sein Bein wieder gebrauchen zu können. Er wandte sich an viele Spitäler, wie Sarteano, Chiusi, Montepulciano, Siena und auch Rizzoli in Bologna, ein für Orthopädie sehr berühmtes Hospital. Aber es war da nichts zu machen, das Knie blieb steif und das Bein unbeweglich. Canaponi war verzweifelt. Er konnte immer nur ganz wenige Schritte mit Hilfe der Stöcke machen und war doch noch in der Blüte seiner Jahre und hatte für eine Frau und ein Kind zu sorgen. In manchen Anwandlungen seiner Verzweiflung war er über alle erzürnt und fluchte. Dann jedoch beruhigte er sich immer wieder, bereute alles und versuchte sich zu erholen.

Eines Tages sprach ihm seine Frau von Pater Pio und schlug ihm vor, zu ihm zu fahren. Canaponi wollte nichts davon wissen, im Gegenteil, er beschimpfte seine Frau noch dafür. Aber am Ende ließ er sich doch überreden und machte sich auf die Reise nach San Giovanni Rotondo, gemeinsam mit Frau und Sohn. Sie begaben sich alle in die Kirche und suchten Pater Pio. Als dieser des Canaponi ansichtig wurde, ging er auf ihn zu und sagte zu ihm: «Du fluchst sehr viel, stoßt Verwünschungen gegen alle aus und regst dich über alles auf!» Canaponi antwortete: «Ja, Pater, das stimmt.» «Dann jedoch tut es dir leid, du schließt dich in dein Zimmer ein und betest», fügte Pater Pio noch hinzu und zählte ihm noch die anderen Sünden seines Lebens auf. Canaponi fragte sich verblüfft, wie es möglich sei, daß er alle Einzelheiten seines Lebens kannte, wo er ihm doch zum ersten Mal begegnet war. Er sagte: «Pater, beten Sie für mich, daß der Herr diesen häßlichen Defekt von mir nehme.» «Du mußt stark sein», sagte Pater Pio darauf, «damit der Herr dir nicht unnötigerweise die Gnade gegeben hat!» Ohne es selbst zu bemerken, hatte sich Canaponi vor Pater Pio niedergekniet, trotz der Steifheit seines Beines. Erst als er sich wieder erhob kam ihm zu Bewußtsein, daß die Lähmung verschwunden war. Er nahm seine Stöcke unter den Arm und kehrte in die Kirche zurück, wo ihn Frau und Sohn erwarteten. Als sie ihn so flink gehen sahen, konnten sie ihren Augen nicht trauen. Im Hotel angekommen, wollte Canaponi eine Probe aufs Exempel machen. Er legte ein Kissen auf den Boden und kniete sich wiederholte Male darauf nieder: alles ganz normal!

Am folgenden Tag kehrte er in die Kirche zurück, um Pater Pio zu danken, dieser aber sagte: «Nicht ich bin es gewesen, der dir die Gnade geschenkt hat. Danke dem Herrn, nur Ihm allein!» Das Wunderbare daran war aber, daß Canaponi nun zuhause sich neuerdings und wiederholt allen orthopädischen Untersuchungen unterzog, und während alle Ergebnisse lauteten, daß das Bein für immer steif bleiben müsse, hatte es in Wahrheit seine vollständige Beweglichkeit wiedererlangt.

Wenn ein Arzt sich an Gott wendet...

Der Arzt Antonio Scarparo in Padua entdeckte an sich eines häßlichen Tages, daß er von einem Krebs befallen war. Für Ärzte gibt es da keine Illusionen. Sie haben ja sozusagen selbst die Hände mit im Spiel und wissen genau, wie sich gewisse Dinge entwickeln müssen. Dr. Scarparo hat einen Bruder, der häufig Pater Pio besucht und diesem auch davon berichtet und fragt, was da zu tun sei. Pater Pio rät zur Operation, und so wird der Arzt 1960 operiert, und alles scheint wieder in normale Bahnen zu kommen. Aber 1962 bricht die Krankheit neuerlich aus. Auf dem Röntgenbild zeigt sich eine Lungenmetastase. Man gibt dem Kranken nicht mehr als drei Monate noch zu leben.

Als man Pater Pio davon informiert, sagt er: «Der muß behandelt werden.» Der Kranke kommt nach San Giovanni Rotondo und zeigt Pater Pio seine Röntgenbilder. Pater Pio segnet sie. Dr. Scarparo bittet ihn: «Pater, erwirken Sie die Gnade für mich, ich habe drei Kinder.» Darauf Pater Pio: «Das ist es, was mir leid tut.» Der Kranke kehrt nach Padua zurück, aber in San Giovanni Rotondo bleibt sein Bruder Giovanni zurück, um für ihn zu beten und Pater Pio zu bitten: «Pater, die Ärzte haben zu meinem Bruder gesagt, daß er nur noch drei Monate leben werde.» «Habe keine Sorge», antwortet Pater Pio, «das sagen nur diese...» Darauf entwickelt sich zwischen Pater Pio und Giovanni Scarparo dieses Wechselgespräch.

Giovanni Scarparo: «Pater, Sie haben gesagt, um die Gnade zu erlangen, muß man den Glauben besitzen. Ich bitte Sie um den Glauben.»

Pater Pio: «Den Glauben erwirbt man durch gute Werke.»

Giovanni Scarparo: «Pater, für meinen Bruder gibt es keine Medikamente, aber ein Gedanke von Ihnen genügt, daß er wieder gesund wird.»

Pater Pio: «Wenn Gott es erlaubt.»

Giovanni Scarparo: «Aber hat nicht Jesus gesagt: Wenn ihr einen Glauben so groß wie ein Senfkorn habt, könnt ihr zu diesem Berg sagen: hebe dich hinweg; und zu diesem Baum: pflanze dich ins Meer...»

Pater Pio: «Aber du, hast du den Glauben?»

Giovanni Scarparo: «Ich nicht, aber Sie schon.»

Pater Pio: «Aber wenn du keinen Glauben hast, wie willst du dann den Herrn um eine Gnade bitten?»

Giovanni Scaroaro: «Aber ich weiß nicht, ob ich ihn habe, und wenn ich ihn habe, wieviel ich habe.»

Pater Pio: «Ich verstehe, ich verstehe. Du hast jedenfalls weniger als ein Senfkorn.»

Während sich zwischen Giovanni Scarparo und Pater Pio dieser Dialog entfaltete, untersuchte Dr. Bonomini wieder und wieder die Röntgenbilder, und stellt fest, daß jede Spur von Krebs daraus verschwunden war. Giovanni Scarparo informiert Pater Pio davon und dieser sagt: «Danken wir dem Herrn.» Scarparo fügt noch an: «Pater, ich habe das Gelübde gemacht, nicht mehr zu rauchen, wenn mein Bruder geheilt würde.» Und Pater Pio antwortet: «Dann höre sofort auf zu rauchen.» Dr. Antonio Scarparo, sein Bruder, war vollkommen und für immer geheilt.

Das Ende eines Krüppels

An einem Nachmittag des fernen Jahres 1919 hielt sich ein Bettler, ein Krüppel, vor dem Kloster der Kapuziner in San Giovanni Rotondo auf. Er hieß Francesco Viscio und wurde «Santaredda» (kleiner Heiliger) genannt. Er war 43 Jahre alt und hatte seit einer Krankheit in seinen ersten Lebensmonaten ganz verbildete, eingerollte Beine, sodaß er zur Fortbewegung Krücken brauchte, und wenn er diese nicht hatte, er die Hände zu Hilfe nehmen und auf allen vieren kriechen mußte. Die Gassenbuben von San Giovanni Rotondo nützten dies aus, um sich auf seine Kosten einen Spaß zu machen. Sie nahmen ihm immer wieder die Krücken weg und zwangen ihn so, auf allen vieren zu kriechen. Ihn regte das sehr auf und er wetterte über sie. Er war gezwungen, jeden Tag zum Kloster zu gehen, um etwas zu essen zu bekommen, was ihm übrigens immer und in reichlichem Maß gegeben wurde, auch noch, als die Bettler sehr zahlreich geworden waren wie an jenem Nachmittag des Jahres 1919. An jenem Tag jedoch sagte Viscio, überdrüssig eines derartigen Lebens, als er Pater Pio vorbeikommen sah: «Pater Pio, gib mir die Gnade!» Pater Pio blieb stehen und blickte ihn aufmerksam an und sagte dann plötzlich: «Wirf deine Krücken weg!» Der Arme verstand nicht recht und war ganz perplex. Also schrie Pater Pio ganz laut: «Wirf deine Krücken weg!» Und da versuchte der arme Viscio zwischen Ungläubigkeit und Hoffnung, ohne seine Krücken aufzustehen: und es gelang ihm! Er versuchte es wieder und schließlich stellte er fest, daß er ganz normal gehen konnte. Wie groß war seine Freude und seine Verwunderung, und die all jener, die dieser Szene beiwohnten. Von diesem Augenblick an begann für ihn ein neues Leben, das noch viele Jahre dauerte.

Ein geistiger Sohn Pater Pios, Cavalliere Antonio Egidio, nahm eines Tages im Gespräch mit Pater Pio Bezug auf diesen Fall und stellte ihm die Frage: «Pater Spiritual..., aber ein Krüppel, wie ergeht es ihm im Jenseits, so einem wie Santaredda zum Beispiel, was geschieht mit ihm?» Pater Pio blieb kurze Zeit still und nachdenklich, dann, fast als schüttelte er etwas von sich ab, zeigte er auf einen Punkt an der Zimmerdecke und antwortete: «Da schaut hin, was mit ihm geschieht! Schau es dir an!» Cavalliere Egidio blickte in die Richtung und sah, fast wie durch einen Riß im Himmel, den Viscio im Paradies strahlend in Herrlichkeit. Das war Sache weniger Minuten, dann verschwand alles wieder. Als er sich sodann wieder an Pater Pio wenden wollte, um weiter zu sprechen, bemerkte er, daß auch dieser verschwunden war.

Wenn man für Gottes Pläne keine Geduld hat...

Es scheint, als hätte Pater Pio dem Ehepaar Pennisi zu verstehen gegeben, daß Gott den Plan habe, die Tochter Maria gesund zu machen, aber sie wollten sich diesem Plan in ihrer Ungeduld nicht anpassen. Am Ende wird die Tochter geheilt sein, aber sie wird für die Ungeduld der Eltern büßen müssen.

Das Mädchen war in New York geboren worden, dann jedoch waren die Eltern nach Pietrelcina (Benevento) übersiedelt, den Geburtsort von Pater Pio. Es zeigte sich sehr bald, daß sie schwindsüchtig war, eine Krankheit, die man damals, 1922, noch nicht zu heilen verstand. Sie hustete unaufhörlich und klagte über Schmerzen in der rechten Schulter.

Die Eltern unternahmen alles zu ihrer Heilung, was in ihrer Macht stand, aber alle Versuche schlugen fehl. Man brachte sie eines Tages nach Neapel, um sie von berühmten Ärzten untersuchen zu lassen, unter ihnen von dem Heiligen Dr. Giuseppe Moscati, der jedoch nach einer eingehenden Untersuchung nichts machen konnte, als die Diagnose seines Kollegen zu bestätigen: Das Kind hatte Schwindsucht in einem bereits unaufhaltsamen Stadium, und er prophezeite sein drohendes Ende. Die Eltern brachten das Mädchen nach Pietrelcina zurück und taten alles Menschenmögliche, um seine Leiden zu lindern.

So hatte eines Tages der Vater den Gedanken, das Mädchen zu Pater Pio zu bringen, und da er von seiner Frau nicht begleitet werden konnte, da sie verhindert war, bat er eine Schwägerin, mit ihm zusammen nach San Giovanni Rotondo zu fahren. Kaum angekommen, gingen sie zu Pater Pio und dieser, obwohl er das Kind weder gesehen, noch von ihm reden gehört hatte, sagte bei seinem Anblick: «Du bist Maria Pennisi, bist du krank? Du irrst dich, dir geht es besser als mir.» Und er legte ihr die Hand auf die kleine Schulter. Da fühlte sich der Vater verpflichtet, zu erklären, daß die Tochter sehr schwer krank sei, und daß er sie zu ihm gebracht hätte, damit sie geheilt würde. Aber Pater Pio gab zur Antwort: «Mache dir keine Sorgen, ich denke an sie.» Der Vater und die Schwägerin zogen sich mit dem Kind in das Hotel zurück. Am folgenden Tag fühlte sich das Mädchen viel besser. Es wollte in die Kirche des Konventes gehen, wo sie aus den Händen von Pater Pio die Kommunion empfangen hatte. Und dies tat sie dann noch acht Tage lang. Danach wollte sie der Vater wieder nach Pietrelcina zurückbringen, denn unter anderem mußte das Mädchen auch wieder zur Schule gehen. Aber vor seiner Abreise wollte er noch einmal mit Pater Pio sprechen. Dieser war jedoch nicht mit diesem Plan einverstanden und sagte: «In die Schule wird sie nach Weihnachten gehen können.» Darauf sagte der Vater: «Aber Ihr, Pater, könnt für sie auch aus der Ferne die Gnade erwirken.» Pater Pio: «Nein, du mußt sie hier in San Giovanni Rotondo lassen. Denk daran, daß nur unter dem Auge seines Herrn das Pferd kräftig wird» (neapolitanisches Sprichwort). Aber Herr Pennisi wollte nicht auf ihn hören und nahm sein Töchterchen mit nach Pietrelcina. Da jedoch erkrankte das Kind nach wenigen Tagen schwer an einer Rippenfellentzündung. Als man Pater Pio davon informierte, rief er aus: «Hier in San Giovanni hätte es diese Krankheit nicht bekommen!»

Die Eltern riefen die Ärzte, diese aber wußten nicht, ob sie das Wasser aus der Brust abziehen sollten oder nicht, denn das Kind befand sich in einem sehr kritischen Zustand und man befürchtete das Schlimmste. In dieser schwierigen Lage kam eine Frau zu ihnen, die bei Pater Pio gewesen war und einige Gegenstände brachte, die dem Pater Pio gehörten. Sie bat die Eltern um die Erlaubnis, das Kind mit diesen Gegenständen berühren zu dürfen. Man ließ es zu. Sogleich fiel das Kind in einen ruhigen Schlaf. Als es wieder erwachte, war sein Fieber von vierzig auf siebenunddreißig Grad gesunken und es fühlte sich viel besser. Der behandelnde Arzt maß wieder und wieder das Fieber, es blieb konstant bei siebenunddreißig. Er war verblüfft. Das Fieber war geheimnisvollerweise verschwunden, und das Kind war vollkommen geheilt. Er konnte nur ausrufen: «Man muß an Wunder glauben!»

Die Eltern schrieben dies alles Pater Pio und fragten, ob die Kleine jetzt zur Schule gehen dürfe. Pater Pio antwortete: «Sie muß damit noch zwölf Tage warten.» Die Eltern machten sich Sorgen, daß ihre Tochter zu viele Schultage versäumte und das Schuljahr negativ abschließen würde. Dennoch wollten sie aber diesmal die Worte Pater Pios beherzigen und abwarten. Dann kehrte also das Mädchen zur Schule zurück, und obwohl es 53 Schultage versäumt hatte, war es bei den Schlußprüfungen im Juli die Klassenbeste. Als die Familie dann zu Pater Pio fuhr, um ihm zu danken, sagte dieser zu der Geheilten: «Danke dem Herrn, der von dir den Husten genommen und dich auch dieses Mal geheilt hat. Ihm und niemand sonst mußt du danken!»

Nur kein Messer!

Dies waren die Worte, die Pater Pio sprach, als er fühlte, daß der Herr eine Kranke direkt heilen wollte. Und dies ist die Geschichte der Signora Palma Manelli in Soleto di Francavilla Fontana (Brindisi).

Im Juli des Jahres 1940 war sie von heftigen Schmerzen im Unterbauch und einer gefährlichen inneren Blutung befallen worden. Sofort ins Krankenhaus gebracht, wurde sie von Dr. Lenzi auf das gründlichste untersucht, und seine traurige Diagnose lautete: Karzinom am Uterus.

Man brachte Signora Palma nach Florenz, wo sie sich im Institut für Strahlentherapie einer Radiumbehandlung unterzog.

Nach Ablauf eines Monats zeigten sich günstige Ergebnisse. Es war nur die Frage, ob diese definitiv oder nur vorübergehend waren. Man entließ die Frau und nach einigen Monaten sollten neuerlich Untersuchungen gemacht werden.

Signora Palma kehrte nach Hause zurück, aber nach wenigen Monaten trat das Karzinom leider wieder auf und man stand vor der Entscheidung, entweder wiederum die Radiumkur zu machen oder den Uterus operativ zu entfernen. Die Tochter von Signora Palma, sie hieß Liliana, hörte eines nachts die Stimme Pater Pios im Traum, die zu ihr sagte: «Deine Mamma wird gesund, sie wird gesund, sie wird vollkommen gesund werden!» Da Frau Palma nicht reisen konnte, weil man ihr strengste Ruhe verordnet hatte, bat sie ihren Mann, zu Pater Pio zu fahren, damit er ihn bitte, Fürsprache für ihre Heilung einzulegen. Dieser fuhr nach San Giovanni Rotondo, wo er zweimal mit Pater Pio zusammentraf, um über die Krankheit seiner Gattin zu sprechen. Pater Pio versicherte ihm, daß sie die Behandlungskur wieder aufnehmen, aber keine Operation machen lassen sollte: «Nur kein Messer!», empfahl er ihm. In der Zwischenzeit hatte Frau Palma den geheimnisvollen und charakteristischen Duft wahrgenommen, während ihre Tochter abermals von Pater Pio träumte, welcher während eines Gebetes am Altar einen goldenen Schlüssel an sein Herz drückte und zu ihr sagte: «Du wachst in der Nacht, nicht wahr?» Dann, nachdem er ihr die Kommunion gespendet hatte, hieß er sie zu einem Tischchen kommen, das sich in der Kirche befand, auf welchem viele Bildchen der Madonna delle Grazie aus der Kirche von San Giovanni Rotondo verstreut lagen.

Als die Zeit für die Kontrolluntersuchungen gekommen war, brachte man Frau Palma wieder nach Florenz und unterzog sie genauesten Untersuchungen durch verschiedene Ärzte und Professoren der Universität, aber von der Krebsgeschwulst, die sich neuerlich gebildet hatte, war keine Spur mehr zu finden. Und Signora Palma fühlte sich von diesem Augenblick an vollkommen und endgültig geheilt.

Aber geh', du hast überhaupt nichts!

Im Juli 1933 wurde Alessandro, der Sohn von Frau Vittoria Gragori in Galeoti di Imola, von einem stechenden Schmerz im Magen befallen, der ihn nicht nur am Atmen hinderte, sondern ihm auch nicht erlaubte, irgend eine Nahrung zu behalten, außer kleinen Schlucken von Saft oder Mineralwasser.

Untersuchungen nicht nur durch den Hausarzt sondern auch durch bedeutende Professoren brachten keine Erlärung über die Ursache des Übels, wenngleich alle übereinstimmten, daß es sich weder um ein Magengeschwür noch um einen Tumor handelte. Und inzwischen hatte der Kranke neben all diesen Beschwerden auch noch lange schlaflose Nächte.

In diesem Zustand hörte er von Pater Pio sprechen und äußerte den Wunsch, zu ihm hinzufahren, um sich seinen Fürbitten anzuempfehlen und Heilung zu finden. So begab er sich mit seiner Mutter auf die Reise, und die beiden erreichten eines morgens San Giovanni Rotondo. Ohne Zeit zu verlieren, gingen sie sogleich zu Pater Pio, der, sobald er Alessandro sah, auf ihn zuging, ihn liebevoll empfing und ihm sagte, daß er ihn am Nachmittag erwarte. Sohn und Mutter gingen ins Hotel. Sein Zustand verschlechterte sich immer mehr. Dennoch wollte er am Nachmittag die Verabredung mit Pater Pio einhalten und mit äußerster Anstrengung erreichte er den Konvent. Als ihn Pater Pio sah, kam er zu ihm, nahm seine Hand und drückte sie mit seinen verwundeten Händen und fragte ihn: «Wo hast du Schmerzen?» Alessandro antwortete: «Pater, meine Schmerzen sind hier (und zeigte ihm die Stelle) und ich habe Angst, einen bösartigen Tumor zu haben.» Darauf Pater Pio: «Aber geh', du hast gar nichts!» Im selben Augenblick fühlte Alessandro in seinem Inneren, als würde etwas aufbrechen und sich ausbreiten. Darauf fühlte er ein Wohlbehagen, das ihm die Gesundheit wieder schenkte, und von diesem Moment an klagte er über keinerlei Schmerzen mehr.

Wenn die Glocken läuten, wird sie gesund werden

Im Städtchen San Giovanni Rotondo erkrankte zu Beginn der Karwoche des Jahres 1925 Frau Paolina Preziosi an einer schweren Bronchitis, die sehr bald zu einer Lungenentzündung wurde. Als man den Arzt rief, konnte er nur mehr feststellen, daß man nichts mehr machen konnte.

Dieser Fall war besonders bemitleidenswert, weil die Kranke im Falle ihres Ablebens fünf kleine Waisenkinder zurückgelassen hätte. Freunde und Bekannte, die Signora Preziosi wegen ihres beispielhaft christlichen Lebens sehr liebten, eilten zu Pater Pio und teilten ihm mit, in welchem Zustand sie sich befand, und welche Folgen ihr Tod hätte, und baten ihn, für ihre Heilung zu beten. Nachdem ihnen Pater Pio aufmerksam zugehört hatte, sagte er zu ihnen: «Sagt zu ihr, sie solle keine Angst haben, sie wird mit dem Herrn auferstehen.» Dies sollte heißen: Sie wird am Karsamstag wieder gesund werden, wenn man die Auferstehung des Herrn feiern wird und die Glocken wieder zu läuten beginnen, die vom Gründonnerstag an schweigen.

In der Nacht des Karfreitag, als die Frau zum Herrn betete, er möge sie ihrer Kinder wegen wieder gesund machen, erschien ihr Pater Pio, der zu ihr sagte: «Habe keine Angst, habe keine Angst, Geschöpf Gottes, habe Glaube und Hoffnung, morgen, wenn die Glocken läuten, wirst du wieder gesund sein.»

Aber die Dinge entwickelten sich so schlecht, daß sie dieser Prophezeiung widersprachen. Frau Preziosi fiel ins Koma und alle glaubten so sicher, daß ihr Ende gekommen sei, daß man bereits an die Beerdigung dachte. Dennoch hatten die, die sie zuerst Pater Pio empfohlen hatten, immer noch Vertrauen auf ihn und kehrten in das Kloster zurück, um ihm mitzuteilen, an welchem Punkt die Dinge angelangt seien und ihn neuerlich zu bitten, Fürsprache für die Kranke einzulegen. Pater Pio hörte sie an, versenkte sich ins Gebet und begab sich sodann in den Beichtstuhl. Etwas später berichtete man ihm, daß man den Pfarrer für die Sterbesakramente zu der Kranken gerufen hätte. Pater Pio schritt zum Altar und begann mit der heiligen Messe. In dem Augenblick, da die Glocken wieder zu läuten begannen, um die Auferstehung des Herrn zu verkünden, wurde Signora Preziosi plötzlich aufgerüttelt, sie fühlte ihre Lebenskraft zurückkehren, erhob sich vom Bett, wo sie schon im Koma lag, wie von einer geheimnisvollen Kraft angetrieben und fühlte sich vollkommen gesund, zur Verblüffung aller, die aus der Umgebung und aus San Giovanni Rotondo bei ihr waren. Das österliche Fest der Auferstehung war somit in ihr Haus und zu ihren fünf Kindern gekommen. Irgend jemand ging zu Pater Pio, um ihm zu berichten, was sich ereignet hatte und fügte noch hinzu: «Vielleicht wollte Gott diese Frau bei sich? Jetzt ist sie jedoch auf die Erde zurückgekehrt!» Und Pater Pio erwiderte: «Auch das Exil ist schön dem Paradies zuliebe.»

Wenn ein atheistischer Arzt wunderbar geheilt wird

Es gab eine Zeit, da kannte jedermann in San Giovanni Rotondo Dr. Francesco Ricciardi, einen Arzt, der sich dreißig Jahre lang mit Leidenschaft und Hingabe der Heilung der Kranken gewidmet hatte. Er war von freimütigem und ehrenhaftem Charakter, war jedoch vollkommen verschlossen gegenüber dem Übernatürlichen, und er hatte niemals die Schwelle einer Kirchentüre überschritten. Er glaubte nur an die Wissenschaft und hielt die ganze Welt des Geistes mit ihren besonderen Manifestationen für Früchte der Phantasie und des Fanatismus. Pater Pio gegenüber legte er eine zähe Aversion an den Tag, weil er ihn als einen gefährlichen Exponenten jener übernatürlichen Welt ansah, welche er hartnäckig leugnete. Trotz alldem liebten ihn die Leute, weil er mit großem Altruismus die Kranken pflegte.

Die Jahre vergingen auch für ihn, so wie sie für alle vergehen, und mit einem Mal fühlte auch er ihre Last. Überdies bereitete ihm auch eine schwere Krankheit Sorge, denn eines Tages überfielen ihn äußerst heftige Magenschmerzen. Es war im Februar

1931. Er vermutete etwas Schlimmes und konsultierte daher auch einige seiner Kollegen, welche Magenkrebs diagnostizierten. Ein Arzt kann sich keine Illusionen über den Ausgang dieser Krankheit machen, und daher kam Dr. Ricciardi zu Bewußtsein, daß er zu einem mehr oder minder nahen, aber unausweichlichen Tod verurteilt sei. Da er keinen Glauben besaß, war seine Angst viel größer als sie für einen gläubigen Menschen gewesen wäre. Es war Winter und über dem Gargano trieb ein eisiger Wind den Schnee. Trotz alldem kamen die Leute in sein Haus, um zu sehen, wie es ihm ging, und um ihm den Trost ihrer Dankbarkeit und Zuneigung zu spenden. Irgend jemand machte auch den Versuch, den Pfarrer zu rufen, um zu sehen, ob der Arzt sich der Übernatur öffnen würde. Der Pfarrer kam, aber als ihn Dr. Ricciardi sah, schrie er, daß man ihn verjagen solle, und so mußte er wieder gehen. Nun wollte man den Versuch machen, Pater Pio zu rufen, da man dachte, daß dieser mehr erreichen konnte, wenn auch Dr. Ricciardi ihn immer abgelehnt hatte. Pater Pio wurde eingeladen. Zehn Jahre waren es, daß er niemals den Konvent verlassen hatte, aber aus diesem Anlaß wollte er kommen. Das erste Phänomen, das man bemerkte, sobald er das Haus des Kranken betrat, war jenes, das er mit seinem geheimnisvollen Duft den Gestank vertrieb, den der Todkranke bereits ausströmte. Dann, sei es wie es sei, es ist Tatsache, daß Dr. Ricciardi sich dem Übernatürlichen öffnete. Pater Pio nahm ihm die Beichte ab, absolvierte ihn von allen seinen Sünden, er gab ihm gleichsam eine neue Seele und, zur großen Verwunderung des Kranken und aller Umstehenden, verschwand der Krebs, das Leben kehrte zurück und eine bis dahin ungekannte Freude erfüllte ihn. Die Leute erfuhren von diesem Phänomen und waren überaus glücklich, weil der geliebte Doktor nicht nur die Gesundheit wiedererlangt, sondern auch zum Glauben gefunden hatte.

Er kommt wie ein Blitz

Es war ein kleines Mädchen, das so schwer krank war, daß die Ärzte jegliche Hoffnung für seine Heilung verloren hatten. Da entschlossen sich seine Eltern, nach San Giovanni Rotondo zu fahren, um Pater Pio zu bitten, daß er für dessen Heilung beten möge. Es war Freitag, als sie dort ankamen, und an jenem Tag konnte Pater Pio sich nicht zeigen, weil er mehr als gewöhnlich an seinen Stigmen litt und ans Bett gefesselt war. Die armen Eltern, die wegen des Gesundheitszustandes der Tochter voller Angst waren, wollten es erzwingen und unternahmen alles, um zu Pater Pio zu gelangen, aber ohne Erfolg. So mußten sie völlig niedergeschlagen sich zurückziehen, ohne erhalten zu haben, was sie so sehr ersehnt hatten. Das glaubten sie zumindest. Pater Pio aber erfuhr von diesem Fall und begab sich im selben Augenblick durch Bilokation zu dem kleinen Mädchen und heilte es, während er gleichzeitig in seiner Zelle war.

Die Eltern, die von alldem nichts wußten, glaubten bei ihrer Rückkehr die Tochter sterbend vorzufinden. Aber wie groß war ihr Erstaunen, als sie in die Nähe ihres Hauses kamen und sahen, daß das Mädchen ihnen entgegengelaufen kam, vollkommen gesund und fröhlich. «Aber wie habt ihr es gemacht, mir Pater Pio so schnell zu schicken?», sagte es zu ihnen, «Ihr müßt gerade in San Giovanni Rotondo angekommen sein, als Pater Pio zu mir her kam und mich heilte!» Da es Gottes Wille war, daß das Mädchen geheilt würde, hatte sich Pater Pio des ungewöhnlichen Mittels der Bilokation bedient und war wie ein Blitz dorthin gekommen, wo man ihn gebraucht hatte.

Pater Pios Duft heilt ein Karzinom

Signora Maria Rosaria Galiano aus Neapel begann eines Tages im Oktober 1949, verdächtige Schmerzen in ihrem Unterleib zu verspüren. Dr. Battiloro untersuchte sie und gab ihr den Rat, Gewebeproben aus dem Uterus untersuchen zu lassen. Diese Untersuchung machte Prof. Verga mit dem Ergebnis, daß es sich um ein Adenokarzinom in der Gebärmutter handelte. Signora Rosaria und ihre Familie waren untröstlich über dieses Resultat, denn man wußte, daß die Krankheit unheilbar war und früher oder später zum Tode führte. Was war zu tun? Die Operation versuchen? Dies hätte den Fall nicht gelöst, sondern seinen letalen Ausgang nur um einige Zeit verschoben. Dennoch, obwohl sie all dies wußte, entschloß sie sich zur Operation, welche auch den vorhergesehenen Erfolg hatte: Ein wenig Linderung und dann bildete sich das Karzinom neuerdings mit all seinen schmerzvollen Konsequenzen. Die Schmerzen begannen aufs neue, und sehr bald trat eine Verschlechterung ein.

Ihre Tochter Rita, die von Pater Pio gehört hatte und davon, daß er sehr viel für die Kranken tat, wandte sich zuerst mit einem Telegramm an ihn und dann mit zwei Briefen, in welchen sie ihm ausführlich den Gesundheitszustand ihrer Mamma beschrieb. Diese befand sich bereits in einem hoffnungslosen Zustand, und niemand dachte, daß man sie noch heilen könnte. Aber trotz dieser Tatsache und trotz der Skepsis der Ärzte und aller Familienangehörigen, hoffte die Tochter der Kranken weiterhin auf Pater Pio. Am Abend des 29. April 1950 sagte Signora Maria Rosaria zu ihrer Tochter, daß sie in ihrem Zimmer einen starken Duft wahrgenommen hätte. Und sie glaubte, daß sie es gewesen sei, die Kölnischwasser versprengt hätte, und machte ihr deswegen Vorwürfe. Die Tochter versicherte, daß sie keinerlei Parfum verspritzt hätte und dachte, daß sie phantasiere. Die Mamma sagte jedoch, daß es nicht in ihrer Phantasie sei, denn in ihrem Zimmer duftete es ja tatsächlich, und dieser Duft war dann auch noch die folgenden zwei Tage wahrzunehmen. Da vermutete Tochter Rita, daß dies Pater Pios geheimnisvoller Duft sei, und ihre Hoffnung auf eine Heilung durch Pater Pio wurde immer lebendiger. In der Tat fühlte sich die Mamma am dritten Tage gut. Sie begann zu schlafen, regelmäßig zu essen und auch zu verdauen und fühlte schließlich überhaupt keine Schmerzen mehr. Sie ließ sich von Dr. Battiloro und von Dr. Tomaselli untersuchen, welche beide zu ihrem großen Erstaunen konstatierten, daß das Krebsgeschwür vollkommen verschwunden war. Von diesem Moment an fühlte sich Signora Maria Rosaria gänzlich geheilt und, nachdem sie nach San Giovanni Rotondo gefahren war, um Pater Pio zu danken, nahm sie ihr normales Leben wieder auf, denn sein Duft hatte das Übel mit seinen Wurzeln vertrieben.

Im Schlaf geheilt

Die Superiora der Escuela Taller Medella Milagrosa von Montevideo (Amerika), Madre Teresa Salvadores, war durch das Zusammentreffen von mehreren Krankheiten: Beschädigung der Herz-Aorta, Störung des Verdauungsapparates, Magenkrebs und noch andere, am Ende ihres Lebens angekommen. Sie lag im Bett und konnte sich in keiner Richtung mehr bewegen und mußte daher ständig bei jeder ihrer Bewegungen von den Schwestern gestützt werden.

Ihre Mitschwestern hatten von Pater Pio und seinen Wundern gehört. Sie wandten sich an ihn mit einem eingehenden Brief und der lebhaften Bitte, für die Heilung der Superiora beim Herrn einzutreten, die sie sehr liebten und nun zu verlieren fürchteten. An jenem Tag, da der Brief nach ihrer Einschätzung Pater Pio erreicht haben mußte, verschlechterte sich der Zustand der Madre Teresa, die ja nur mehr mit Morphiuminjektionen am Leben erhalten wurde, so sehr, daß man auch auf diese Injektionen verzichtete, da man sie nunmehr für unnötig hielt, und man nur mehr auf das Eintreten des Todes wartete. Genau an diesem Tag traf eine Verwandte des Msgr. Damiani, des Vikars der Diözese von Salto (Uruguay) bei ihnen ein, welche von ihm einen Handschuh erhalten hatte, den Pater Pio benützt hatte. Sie empfahl, diesen Handschuh auf die kranken Körperstellen der Madre Teresa zu legen. Man legte ihn zuerst auf ihre Hüften, wo sich eine faustgroße Geschwulst gebildet hatte, dann auf die Kehle, die sich so verengt hatte, daß die Kranke fast erstickte. Madre Teresa fiel nach diesen Behandlungen in einen tiefen Schlaf, in dessen Verlauf ihr im Traum Pater Pio erschien, der ihre Hüfte berührte und in ihre Kehle hauchte.

Nach drei Stunden erwachte sie wieder und zur Verblüffung aller verlangte sie nach ihrem Kleid. Sie stieg ohne fremde Hilfe aus dem Bett, zog sich das Kleid an und begab sich in die Kirche, um zu beten. Zu Mittag ging sie in das Refektorium und aß gemeinsam mit allen Mitschwestern mit erstaunlichem Appetit. Von allen ihren Krankheiten war keine zurückgeblieben und von diesem Tag an fühlte sie sich vollkommen gesund. Sechs Monate nach dieser unvermittelten und unerklärlichen Heilung wurde sie von Dr. Giambattista Morelli von der Universität von Montevideo und von den Ärzten Luigi Lengues und Alfredo Canzani untersucht. Sie alle untersuchten sie aufs gründlichste mit dem übereinstimmenden Ergebnis, daß alle stenokardischen Symptome verschwunden waren und Madre Teresa sich in einem ausgezeichneten Gesundheitszustand befand, wenn sich auch unerklärlicherweise die Beschädigung der Aorta nicht verändert hatte. Pater Pio war in aller Stille gekommen und hatte sie geheilt. Ein geheimnisvolles Zeichen jedoch hatte er hinterlassen, über welches die Ärzte lange diskutieren konnten...

Aus dem Spital geflohen

In Cerignola (Foggia), dem Ort von Giuseppe Di Vittorio, lebte ein glühender kommunistischer Aktivist mit Namen Savinio Greco. Eines Tages machte man die Entdeckung, daß er einen Gehirntumor hatte. Darüber fällt er in eine tiefe Niedergeschlagenheit. Er begibt sich zuerst nach Bari, wird von dort nach Mailand gebracht, wo man einen schwierigen Eingriff wagen will. In der Nacht jedoch träumt er von Pater Pio, der an sein Bett tritt, den kranken Teil seines Körpers berührt und zu ihm sagt: «Du wirst sehen, mit der Zeit wirst du wieder gesund.» Savinio erwacht und fühlt sich gesund und will daher weg aus dem Spital. Aber die Ärzte glauben nicht an seine Beteuerungen und bestehen auf einer Operation. Da flieht er aus dem Krankenhaus. Er wird in Bari aufgegriffen, wo er seine ersten Analysen gemacht hatte, und wird neuerlich ins Spital eingeliefert. Die Ärzte wollen aber, bevor sie ihn in den Operationssaal bringen, Sicherheit über die Existenz des Tumores haben und nehmen neue Untersuchungen vor. Aber welches Erstaunen! Es findet sich keine Spur eines Tumores mehr und Giovanni Savinio wird entlassen. Der will nun, ehe er das Spital verläßt, seine Rechnung begleichen, aber die Ärzte weigern sich, irgend etwas anzunehmen, denn sie sagen, sie hätten überhaupt nichts zu seiner Heilung beigetragen.

Savinio kehrt nach Hause zurück und fährt dann nach San Giovanni Rotondo, um Pater Pio zu danken und ihm zu sagen, daß er die Absicht habe, in Zukunft nicht mehr kommunistischer Aktivist zu sein. Während er sich aber in der Kirche befindet, überfallen ihn neuerdings die vom Gehirn ausstrahlenden Schmerzen, und er fällt in Ohnmacht. Man kümmert sich um ihn, er kommt wieder zu sich und man bringt ihn zu Pater Pio, den er flehentlich bittet: «Pater, ich habe fünf Kinder und ich bin furchtbar krank. Rettet mich, rettet meine Familie!» Pater Pio antwortet ihm: «Ich bin nicht Gott und auch nicht Jesus, ich bin wie alle andern Priester, nicht mehr und vielleicht sogar weniger, ich kann keine Wunder vollbringen.» Aber dann, zutiefst bewegt von der Situation des Unglücklichen, versenkt er sich ins Gebet, während von seiner Person ein intensiver Duft von Veilchen ausströmt. Schließlich sagt er: «Geh nach Hause und bete. Auch ich werde beten und dir mit meinem Gebet folgen, wo immer du hingehst.» Bei diesen Worten fühlte Savinio alle Schmerzen verschwinden, und er fühlte sich neuerlich und endgültig geheilt.

Zu einem Gelähmten:
Setze dich auf das Fahrrad und fahre spazieren!

Es ist der 7.Februar 1947. Der Stationsvorsteher von San Severo (Foggia), Nicola De Vincentiis, stürzt, als er aus seinem Bett aufsteht, so unglücklich zu Boden, daß er sich nicht mehr erheben kann. Er ist ganz plötzlich gelähmt! Die Angehörigen eilen herbei, heben ihn auf und setzen ihn vorsichtig in einen Sessel, dann rufen sie einen Arzt. Dieser kommt, untersucht ihn, und da er sich kein rechtes Bild von der Natur seiner Krankheit machen kann, rät er, ihn in die Neurologische Klinik in Rom zu bringen. Man bringt ihn dorthin, er wird sehr eingehend untersucht und man stellt am Ende diese Diagnose: Polyradicolaneuritis. Dies bedeutet, daß man ihm keine Hoffnung geben kann, die Beweglichkeit seiner Gliedmaßen wieder herstellen zu können. Allerhöchstens würde er mit Krücken gehen können, da die Beine nicht mehr reagieren können.

De Vincentiis kehrt tief betrübt und ganz entmutigt nach Hause zurück. Es beginnt ein armseliges Leben für ihn. Mit seinen Krücken kann er sich kaum ein wenig herumschleppen. Nicht selten stürzt er und verschlimmert damit seine Situation.

Nach mehr als einem Jahr dieses kümmerlichen Lebens faßt er den Entschluß, sich nach San Giovanni Rotondo bringen zu lassen zu Pater Pio. Dieser empfängt ihn liebevoll, tröstet ihn und sagt dann, als er ihn wieder entläßt: «Heute ist Freitag. Am kommenden Montag machst du eine Spazierfahrt mit dem Fahrrad. Und dann schreibe sofort wieder ein Gesuch um eine Untersuchung in Rom.» De Vincentiis versteht nicht: Wie sollte er auf ein Fahrrad steigen können, wenn seine Beine lahm sind, und dann denkt er noch: — Wie eigenartig doch dieser Pater Pio ist! Weiß er überhaupt, in welchem Zustand ich mich befinde? Zuerst schien es mir schon so, aber nun?! — Nun gut! Ich will versuchen, zu tun, was er gesagt hat, wer weiß! Es wird Montag, und De Vincentiis nimmt das Fahrrad und versucht, aufzusteigen. Es gelingt ihm! Er versucht, die Pedale zu treten. Es gelingt! Er denkt: Aber kann das wirklich wahr sein, daß ich geheilt bin...?! Und da, nach ein paar Metern stürzt er zu Boden! Aber nun, was ist das?! Was geschieht da mit ihm? Es ist niemand bei ihm, und dennoch fühlt er, daß man ihn aufhebt und neuerlich in den Sattel setzt. Aber wer tut das? Nun gut, wie immer. Er versucht wieder, die Pedale zu treten und dieses Mal gelingt es ganz perfekt! Was war geschehen? Man liest im Evangelium, daß der heilige Petrus einmal Jesus bat, ihn auf dem Wasser wandeln zu lassen, dann aber Angst bekam und unterzugehen begann. Da schrie er: «Herr, rette mich!» Und der

Herr nahm ihn an der Hand und half ihm, in das Boot zu steigen und sagte sodann: «Mann von wenig Glauben, warum hast du gezweifelt?» War mit De Vincentiis etwas Ähnliches geschehen? Wahrscheinlich. Feststeht, daß er von diesem Augenblick an alle seine Gliedmaßen wieder vollkommen benützen konnte. Er fuhr nach Rom, sich dort wieder untersuchen zu lassen, wo er das erste Mal gewesen war, und die Ärzte konnten nichts anderes feststellen, als daß er zuerst unheilbar gelähmt und jetzt vollkommen gesund war.

Pater Pio in der Schweiz, um eine Heilung zu bekräftigen

Im Schweizer Kanton Tessin lebte Ingenieur Luigi Ferrazzini, der eine einundzwanzigjährige Tochter hatte, Caterina Maria. Sie war von einer Krankheit befallen, die sie schon lange quälte. Eines Tages konnte sie einfach nicht mehr weiter und bat ihren Vater, sie nach San Giovanni Rotondo zu Pater Pio zu bringen, damit dieser für ihre Heilung bete.

Ingenieur Ferrazzini erfüllte den Wunsch seiner Tochter und machte sich mit ihr auf die Reise. Die Reise war sehr lang und mühsam, aber schließlich kamen sie an und stiegen in einem Hotel ab. Inzwischen hatte sich etwas Eigenartiges ereignet: Vom Augenblick ihrer Ankunft in San Giovanni Rotondo an waren Caterinas Schmerzen verschwunden.

Am nächsten Morgen ging sie zu Pater Pio, der ihr die Beichte abnahm und sie segnete. Einige Tage später entschlossen sie sich, in die Schweiz zurückzukehren, denn Caterina ging es die ganze Zeit über immer gut. Da man ihr nach ihrer Rückkehr eine Kontrolluntersuchung empfohlen hatte, begab sie sich sogleich ins Spital, während ihr Vater nach Hause fuhr, um seine Arbeit wieder aufzunehmen.

Eines Morgens, als der Ingenieur sein Auto holt, um zu seiner Arbeit zu fahren, sieht er neben der Garage Pater Pio. Er glaubt zuerst, es könne nur sein Pfarrer sein, aber dann erkennt er ganz deutlich, daß es doch Pater Pio ist. Voller Verwunderung fragt er: «Aber Pater, wie kommt es, daß Sie hier sind?» Darauf sagt Pater Pio: «Ich bin gekommen, euch zu besuchen und zu sehen, wie es euch geht.» «Es geht uns gut, Pater», antwortet der Ingenieur. «Allerdings haben wir etwas Sorgen wegen Caterina, wir erwarten das Ergebnis ihrer Untersuchungen.» Pater Pio macht eine segnende Gebärde und sagt dann: «Seid nur ruhig, alles wird gut gehen.» Kaum hat er dies gesagt, verschwindet er. Der Ingenieur ist verblüfft, aber er ist von Pater Pios Worten getröstet. Tatsächlich zeigen die Analysen der Tochter Caterina ein ganz und gar positives Resultat. Pater Pio war mittels seiner geheimnisvollen Bilokation gekommen, um die Heilung zu bekräftigen, die sich schon in San Giovanni Rotondo ereignet hatte, und durch seine Gegenwart Trost zu spenden.

Aber hat sich da Pater Pio nicht geirrt...?!

Bologna, im Juli 1930. Hier wohnt mit ihrem Vater Fräulein Giuseppina Marchetti, sie ist 24. Als Folge eines schweren Unfalles hat sie eine komplizierte Fraktur des rechten Armes davongetragen. Man hatte sie operiert, aber nach drei Jahren war eine neuerliche Operation nötig geworden, welche jedoch nicht die erwarteten Erfolge zeitigte, vielmehr eine lange Periode schmerzhafter Behandlungen nach sich zog. Schließlich brachte eine nochmalige Untersuchung durch den Chirurgen ans Licht, daß die junge Dame niemals mehr den normalen Gebrauch des Armes erlangen würde, denn die Verbindung der Knochen war nicht geglückt.

Vater und Tochter sind zutiefst bedrückt. Sie fragen sich, was können wir tun? Es kommt ihnen eine Idee. Da sie Pater Pio kennen und großes Vertrauen zu ihm haben, entschließen sie sich, zu ihm zu fahren, um ihn zu bitten, daß er beim Herrn für die Heilung des Armes Fürbitte einlege, da sich dafür die Wissenschaft als unfähig erklärt hatte.

Sie fahren nach San Giovanni Rotondo, und Pater Pio empfängt sie liebevoll, empfiehlt ihnen, Vertrauen zum Herrn zu haben und nicht zu verzweifeln: Das Mädchen wird sicherlich gesund werden. Er gibt ihnen noch den Segen und entläßt sie.

Die Tage vergehen und es ereignet sich absolut nichts. Wie ist das möglich? Hat sich da Pater Pio nicht geirrt...?! Nein, er hat sich keineswegs geirrt: Er hat nur die lange Zeit der Heilung für Giuseppina vorhergesehen. Sie und ihr Vater jedoch wissen das nicht und kehren ziemlich entmutigt nach Bologna zurück. Am 17. September 1930 aber, dem Festtag der Stigmen des heiligen Franziskus von Assisi, wird das Haus von Marchetti von einer Wolke von Jonquillen- und Rosenduft überschwemmt, und dieses Phänomen dauert fünfzehn Minuten an. Es ist das Zeichen der geheimnisvollen Gegenwart Pater Pios, der sein Versprechen gehalten hat und gekommen ist, den Arm der Giuseppina zu heilen. Diese fühlt sofort die Heilung: Ihr Arm ist wieder vollkommen normal. Dies zeigt auch die unmittelbar nach diesem Phänomen gemachte Röntgenaufnahme.

Der Krebs verschwindet während der Beichte

Der Komödiendichter Luigi Antonelli erzählte einmal dem Schriftsteller Pitigrilli seine außergewöhnliche Heilung durch das Eingreifen von Pater Pio.

Die Ärzte hatten ein Krebsgeschwür im Bereich zwischen dem Ohr und der Schulter festgestellt und ihm zu einer Operation geraten. So ging er also zum Chirurgen Dr. Donati und fragte ihn: «Wieviel Zeit verbleibt mir noch zu leben?» Der Chirurg antwortete ihm: «Mit der Operation sechs Monate, ohne Operation drei.» Antonelli: «Operieren Sie mich! Drei Monate des Lebens wirft man nicht einfach weg.» Und er hätte sich tatsächlich operieren lassen, wenn ihn nicht ein Freund überredet hätte, nach San Giovanni Rotondo zu Pater Pio zu fahren, der ihm vielleicht vom Herrn eine Heilung ohne Operation erwirkt hätte. Antonelli überlegte sich dies und sagte dann:

Warum nicht? Machte sich auf die Reise und gelangte nach San Giovanni Rotondo. Ging in das Kirchlein, wo Pater Pio die Messe zelebrierte, wohnte ihr bei und wollte sodann bei ihm beichten. Was während dieser Beichte vorgefallen ist, war er außerstande zu beschreiben, obwohl er mit der Feder sehr vertraut war. Tatsache ist, daß er während dieser Beichte ein langes Gespräch mit Pater Pio hatte, und wie er nach und nach in diesem Gespräch voranschritt, und die Seele sich wie in eine himmlische Welt entrückt fühlte, spürte er so etwas wie Strom durch seinen Körper schlängeln, welcher fortschreitend jede Spur des Krebses auslöschte. Als er sich aus dem Beichtstuhl erhob, fühlte sich Antonelli gesund und froh, nicht nur in der Seele, sondern auch in seinem Körper. So kehrte er voller Ruhe zu seinen Tätigkeiten zurück, ohne jemals wieder irgend ein Symptom von Krebs an sich zu bemerken.

Aber er ist es, er ist es!

Frau Concetta Bellarmini aus San Vito Lanciano zog sich im Jahre 1926 eine Krankheit zu, durch welche sie durch eine totale Infektion des Blutes und eine zusätzliche Lungenentzündung in einen beängstigenden Zustand kam. Ihre Haut hatte eine gelbliche Farbe angenommen. Da gab ihr ein Verwandter, der gesehen hatte, daß die Ärzte nichts mehr machen konnten, den Rat, sich an Pater Pio zu wenden, von welchem die Kranke jedoch noch niemals gehört hatte. Ihre Kinder widersetzten sich dieser Idee, denn sie glaubten überhaupt nicht an all diese Dinge, die man sich von diesem Pater vom Gargano erzählte. Frau Bellarmini hingegen glaubte es und begann, inständig zu ihm zu beten.

Eines Tages, als sie im Bett lag, sah sie mitten im Zimmer einen Kapuziner erscheinen, der ihr zulächelte und sie segnete. Die Kranke hatte keine Angst vor dieser Erscheinung, sondern fühlte dabei Frieden und Ruhe. Dann fragte sie, ob sein Kommen die Gnade der Bekehrung ihrer Kinder oder die Gnade ihrer Heilung bedeute. Der Kapuziner antwortete ihr: «Am Sonntagmorgen wird es dir gut gehen.» Kaum hatte er dies gesagt, so verschwand er wieder und hinterließ eine Wolke intensiven Duftes, die auch vom Hausmädchen wahrgenommen wurde. Als es nun Sonntag wurde, fühlte sich Frau Bellarmini geheilt und stellte überdies fest, daß ihre Haut wieder die normale Farbe angenommen hatte. Da wollte sie nun nach San Giovanni Rotondo fahren, um Pater Pio kennenzulernen und ihm zu danken. Auf dieser Reise ließ sie sich von ihrem Bruder begleiten. Dort angekommen, gingen sie zum Kloster und fragten die Leute, wer Pater Pio sei. Sie sahen ihn, wie er gerade mit dem Finger auf sie zeigte, als er die Menschenmenge durchschritt. Da Signora Bellarmini ihn nun gerade vor sich sah, verglich sie ihn mit dem Kapuziner, der ihr in ihrem Haus in San Vito Lanciano erschienen war und rief aus: «Aber das ist er, das ist er!»

Eine von den Ärzten Aufgegebene kehrt zum Leben zurück

Das Mädchen Maria Silvia, Tochter des Dr. Gaetano Benini, Gemeindearzt von Fontignano (PG), wurde am 15. Oktober 1952 in die Polyklinik von Perugia eingeliefert, damit ein letzter Versuch gemacht würde, ihr ein abdominales Lynfosarcom zu exstirpieren. Die Operation nahmen bekannte Chirurgen vor, Kollegen des Dr. Benini, aber sie mußten konstatieren, daß die Krankheit so weit fortgeschritten war, daß man nichts mehr machen konnte. Das Mädchen wurde wieder nach Hause gebracht, damit es bei ihren Lieben sterben könne. Da hat nun das Kind aber fünf Tage später einen Traum, in dem es das Jesuskind zugleich mit Pater Pio sieht. Das Jesuskind kommt zu ihr und sagt zu ihr, sie solle ihren Eltern sagen, daß sie keine Angst haben müßten, denn Pater Pio hat für sie die Heilung erbeten und erwirkt. Das Mädchen, das kaum drei Jahre alt ist, erzählt nach dem Erwachen sofort alles den Eltern, steht aus dem

Bett auf und fühlt sich vollkommen gesund, so gesund, daß es sogar mit seinen Freunden spielen gehen kann. Die Eltern sind außer sich vor Verwunderung, und sie können kaum die Realität dieser wunderbaren Tatsache begreifen. Der Vater reist dann nach San Giovanni Rotondo, um Pater Pio zu danken, der ihn sehr liebevoll empfängt, ihm versichert, daß das Kind wirklich gesund sei und ihm empfiehlt, von nun an seinen christlichen Pflichten mit größerer Treue nachzukommen.

Pater Pio und Giovannino

Gino war Hafenarbeiter in Neapel und eifrig in der kommunistischen Partei tätig. Vielleicht dachte er, auf dem Weg der marxistischen Revolution sehr weit voran zu schreiten, aber — wie man zu sagen pflegt — er hatte die Rechnung ohne den Wirt gemacht. Es ist Tatsache, daß er eines Tages einem Mädchen mit Namen Francesca begegnet. Er verliebt sich in sie und will sie heiraten. Aber das Mädchen teilt nicht seine weltanschaulichen Ideen. Macht nichts: Er wird sie dennoch heiraten, sei es wie es sei. Es ereignet sich ein Unfall, der die Mutterschaft der Francesca aufs Spiel setzt. Auch das macht nichts. Er wird sie dennoch heiraten, sei es wie es sei! Die Liebe macht vor keinem Hindernis halt! Und wirklich, nach kurzer Zeit heiraten Gino und Francesca und bald kündet sich die Ankunft eines Babys an. Und nun beginnen die Schwierigkeiten. Die Folgen von Francescas Unfall treten zu Tage und die Ärzte müssen ihr sagen, daß sie das Kind nicht gebären kann, ohne das eigene Leben zu riskieren. Sie müßten wählen: Entweder das Kind verlieren oder die Mutter. Francesca stürzt in Trauer und Trostlosigkeit. Was tun? Abtreiben...?! Während sie sich in dieser Bedrängnis befindet, steht in ihrem Zimmer ganz plötzlich ein Kapuzinerpater am Fußende ihres Bettes und sagt zu ihr: «Du wirst diese Dummheit nicht machen! Das Kind wird zur Welt kommen, es wird ein Knabe sein und du wirst ihn Giovanni nennen!» Francesca kennt Pater Pio nicht, aber als man ihr dann später eine Fotografie von ihm zeigt, erkennt sie, daß genau dieser Kapuzinerpater in ihrem Zimmer war. Dies gibt ihr nun einen starken Trost, sodaß sie keine Zweifel mehr hat: sie wird ihr Kind bekommen! Sie teilt dies ihren Angehörigen mit, aber diese geraten darüber in Wut, sie können und wollen es nicht glauben und widersetzen sich ihrer Absicht, die Mutterschaft anzunehmen. Aber da ist nichts zu machen. Francesca ist unbeugsam, sie wird Mutter, sie bekommt das Kind ohne Komplikationen, und wer sich widersetzt hatte, muß sich nun eines Besseren besinnen. Das Kind wird getauft, es bekommt den Namen Giovanni. Ihr Gatte Gino ist ganz verwirrt, aber er muß sich der Realität der Fakten beugen. Pater Pio hat ihm einen Weg eröffnet, der sehr verschieden ist von jenem der marxistischen Revolution, und als er gemeinsam mit seiner Gattin Francesca nach San Giovanni Rotondo fährt, um Pater Pio zu danken, legt er das Versprechen ab, daß er gemeinsam mit Francesca und Giovannino den Weg eines lebendigen christlichen Glaubens einschlagen wird.

Jetzt geht es ihr besser als auf der Welt

Pater Alberto D'Apolito erzählt, daß er eines Tages von einem piemontesischen Freund, einem reichen Industriellen und geistigen Sohn Pater Pios, ein Telegramm erhielt, in welchem er gebeten wurde, diesen für die Heilung seiner Gattin zu interessieren. Diese befand sich aus Ursache einer inneren Blutung in einem ganz extremen Zustand. Im Telegramm stand noch weiter, daß der Industrielle im Falle der Heilung der Kranken ein beträchliches Geschenk für die «Casa Sollievo della Sofferenza» machen würde.

Pater D'Apolito begab sich sofort zu Pater Pio, teilte ihm die Bitte des piemontesischen Freundes mit, und Pater Pio, sogleich gerührt, versicherte, daß er für die Sterbende beten würde. Als er jedoch hörte, daß man in dem Telegramm auch von einem Geschenk für die empfangene Gnade sprach, besann er sich eines anderen und sagte zu Pater D'Apolito, er möge seinem Freund antworten: «Mit dem Herrn schließt man keine Verträge!» Er setzte jedoch hinzu, daß er für das Seelenheil der Kranken beten würde, und als er dies sagte, zeigten sich in seinem Gesicht die Anzeichen großer Schmerzen. In diesem selben Augenblick starb die Frau des Industriellen unter dem Beistand eines Priesters. Pater D'Apolito wurde einige Tage später davon informiert, und teilte dies seinerseits Pater Pio mit, welcher ausrief: «Jetzt geht es ihr besser als auf der Welt!»

Wann wirst du aufhören, mir auf die Nerven zu fallen?

Eine Frau aus San Giovanni Rotondo ist, wie ihr Mann, erkrankt und erkennt sehr bald, daß sich die Dinge so schlecht entwickeln, daß er wahrscheinlich bald sterben wird. Erschrocken, verzweifelt und aufgeregt stürzt sie in das Kloster, um es Pater Pio wissen zu lassen und ihn zu beschwören, daß er für die Heilung ihres Gatten bete. Aber als sie dort ankommt, sieht sie, daß Pater Pio von so vielen Menschen umlagert ist, daß es unmöglich ist, zu ihm vorzudringen. Was tun? Im Beichtstuhl kann sie nicht mit ihm sprechen, denn da sind viel zu viele Menschen, und sie müßte sich in der Schlange anstellen und warten, bis sie an die Reihe käme. So tut sie also nichts, als mental Pater Pio zu bitten, er möge ihrem Mann zu Hilfe kommen, der von einem Moment zum anderen sterben und sie und ihre Kinder allein lassen könnte. Dann, wie sie Pater Pio zum Altar gehen sieht, um die Messe zu zelebrieren, eilt sie auch dort hin, aber auch hier sind so viele Menschen auf allen Seiten, daß sie Pater Pio nicht einmal sehen kann. Sie versucht es hier und dort, aber es ist einfach unmöglich, hinzukommen. Es bleibt ihr nichts übrig, als weiter mental zu beten, mit der Angst im Herzen, daß von einem Moment zum anderen das Unvermeidliche mit ihrem Mann geschehen könnte. Pater Pio beendet die heilige Messe und geht in die Sakristei. Der armen Frau gelingt es endlich, sich in den Korridor zu drängen, wo

Pater Pio vorbeikommen muß, um in den Konvent zu gehen. Und auch hier betet sie unausgesetzt innerlich. Und nun kommt Pater Pio an ihr vorbei und wendet sich ihr zu und sagt: «Frau von schwachem Glauben, wann hörst du endlich auf, mir auf die Nerven zu fallen und in den Ohren zu liegen? Schon fünf Mal hast du es mir gesagt, von links, von rechts, von vorne, von hinten! Ich habe verstanden, ich habe verstanden! Geh schnell nach Hause, alles geht gut!» Voll Freude dankt ihm die Frau und fühlt ihre Schritte beflügelt. Sie läuft nach Hause, ist dort atemlos im Nu angekommen und findet ihren Mann vollkommen gesund!

Ein Halstuch, das heilt

Giuseppe Canaponi erzählt, daß er im Winter 1945 nach San Giovanni Rotondo kam, während ein starkes Unwetter mit Sturm und Regen tobte. Er mußte ein großes Stück des Weges zu Fuß zurücklegen und war daher, als er im Konvent bei Pater Pio ankam, ganz durchnäßt, unterkühlt und vollkommen heiser. Da er mit Pater Pio auf vertrautem Fuße stand, ging er in seine Zelle hinauf und traf ihn im Gespräch mit dem Superior des Klosters an. Canaponi begrüßte die beiden mit dünner Stimme, die man kaum hören konnte. Als Pater Pio ihn so hörte und übel zugerichtet sah, fragte er ihn, was ihm widerfahren sei. Dann berührte er seine Kleider und sagte: «Aber du bist ja ganz naß, du Armer.» Sodann wandte er sich an den Superior: «Schau doch, ob wir etwas haben, das er anziehen kann, damit ihm wärmer wird.» Aber der Superior machte ein Zeichen, daß er nicht wüßte, was man ihm geben könnte. Da begann Pater Pio in seiner Zelle etwas zu suchen und fand schließlich ein großes braunes Halstuch hinter seiner Türe. Er nahm es und sagte zu Canaponi: «Du hast Glück. Es ist fast neu, ich habe es nur wenige Male getragen.» Er wickelte es ihm um den Hals und noch während Pater Pio dies tat, fühlte Canaponi plötzlich eine große Hitze und schrie: «Es geht mir schon besser!» Und während er dies rief, bemerkte er, daß alle Heiserkeit verschwunden war und die Stimme wieder ganz normal klang. Pater Pio sagte: «Hast du gesehen, wie gut dir die Wärme tut!»

Sie dürfen sich vorher nicht bewegen!

Es gab in San Giovanni Rotondo ein Fräulein, das beharrlich und ausdauernd die Kirche des Konventes besuchte und täglich der Messe Pater Pios beiwohnte. Eines Tages zog sie sich an einem Bein eine Infektion zu, die sie lange Zeit am Gehen hinderte, und es ihr unmöglich machte, die Kirche des Konventes zu besuchen. Sie versuchte, schnell wieder gesund zu werden und die Zeit der Heilung möglichst abzukürzen, aber die Dinge zogen sich in die Länge. Voller Ungeduld wollte sie eines Tages aus dem Bett aufstehen, stürzte aber dabei und das Bein schwoll dick an. Also orientierte sie Pater Pio, um ihn zu bitten, daß er für sie bete, denn sie war es leid, noch länger zu warten. Sie wollte unbedingt am nächsten Sonntag die Messe hören. Pater Pio ließ ihr ausrichten: «Geht in Ordnung, am Sonntag werden Sie zur Messe kommen. Aber vorher dürfen Sie sich nicht bewegen!» Und das Fräulein fühlte sich am Sonntag danach zur Verwunderung des behandelnden Arztes vollkommen geheilt und konnte wieder zur Kirche gehen und der Messe beiwohnen.

Ich werde dich begleiten

Ingenieur Todini aus Rom war gekommen, um Pater Pio zu besuchen. Einmal blieb er bis zum späten Abend bei ihm. Als er in die Pension zurückkehren wollte, wo er abgestiegen war, sah er, als er die Tür des Klosters öffnete, daß es in Strömen regnete. Was sollte er tun? Er hatte keinen Schirm und bis zu seiner Pension waren es zwei Kilometer, und da würde er sich bestimmt eine Erkältung holen. So fragte er Pater Pio, ob er im Kloster übernachten könne. Pater Pio sagte ihm, daß dies nicht möglich sei, aber er solle nur ruhig losgehen, er solle sich vom Regen nicht erschrecken lassen, er würde ihn begleiten.

Der Ingenieur verstand den Sinn dieses Satzes nicht sehr genau, aber er vertraute auf das Wort des Pater Pio und ging auf die Straße hinaus. Wunderbar! Der Regen schien mit einem Schlag aufgehört zu haben, und auf der ganzen Strecke vom Konvent bis zu seinem Haus benetzte ihn nicht ein Regentropfen. Bei der Pension angekommen, öffnete ihm die Hausfrau und war verwundert, daß der Ingenieur den ganzen Weg unter diesem Regenguß gegangen war. Wie naß mußte er wohl sein! Aber der Ingenieur sagte, daß er überhaupt nicht naß geworden sei. Ja er war vollkommen trocken, sie könne ihn angreifen, um sich zu überzeugen. Sie griff ihn tatsächlich an, und er war wirklich ganz trocken. Draußen vor der Türe jedoch regnete es ununterbrochen in Strömen seit mehr als einer Stunde. Sie verstand es nicht: «Aber was haben Sie gemacht, daß Sie nicht naß geworden sind?» Der Ingenieur antwortete: «Pater Pio hat mir gesagt, daß er mich begleiten würde, und wie man sieht, hat er verhindert, daß ich naß wurde.» Da rief die Frau aus: «Sicherlich, die Begleitung von Pater Pio wirkt besser als jeder Regenschirm!»

Es ist jetzt nicht Zeit für die Abreise!

Im Konvent von San Giovanni Rotondo war einmal ein Bruder, der sich Fra Leone da Tora nannte, der lange Zeit an einer quälenden Krankheit litt. Pater Pio kam jedesmal, wenn er aus dem Beichtstuhl kam, bei ihm vorbei, um zu sehen, wie es ihm ginge. Er tröstete ihn und ging dann wieder weg.

Eines Tages machte er ihm wie gewöhnlich seinen Besuch. Es waren auch andere Mitbrüder dabei, unter ihnen auch Fra Daniele, den er vor dem sicheren Tod errettet hatte, nach tiefem Gebet und viel Leiden. Als er zum Bett des Fra Leone kam, fragte Pater Pio, wie es ihm gehe, und als er ihm das Hemd zuknöpfte, streifte er mit seinem abgeschnittenen Handschuh, der seine

Stigmen bedeckte, den Hals des Kranken. Da sagte dieser, da er vor Schmerzen nicht mehr weiter konnte: «Pater, ich möchte abreisen», und meinte damit sterben. Pater Pio antwortete ihm: «Mein Bruder, die Fahrkarte für den Zug ist noch nicht bereit.» Dann ging er weiter zu seiner Zelle. Fra Daniele folgte ihm und sagte: «Aber für mich war die Fahrkarte bereit!» Darauf Pater Pio: «Ja, für dich war die Fahrkarte bereit und der Zug! Du weißt nicht, was du mich gekostet hast!»

Du sollst es niemandem sagen!

Pater Placido von San Marco in Lamis war ein Mitbruder des Pater Pio, mit dem zusammen er das Noviziat und dann das Studium gemacht hatte. Im Juli 1957 erkrankte er schwer an Leberzirrhose und mußte ins Spital von San Severo (FG) gebracht werden. Eines nachts sah er Pater Pio, der an sein Bett trat und ihn tröstete und ihm versprach, daß er wieder gesund werde. Dann sah er ihn zum Fenster gehen, seine Hand auf das Fenster legen und verschwinden. Als er am Morgen erwachte, bemerkte er sogleich ein Wohlbefinden in seinem Körper, erhob sich und trat zum Fenster und bemerkte, daß auf dem Glas der Abdruck der Hand Pater Pios verblieben war. Als er dies dem Personal des Spitals mitteilte, liefen alle in seinem Zimmer zusammen, um den Abdruck von Pater Pios Hand zu sehen. Die Nachricht davon drang auch aus dem Spital hinaus und es kam zu einem großen Menschenandrang. Das alles verursachte natürlich Störung im Spital, sodaß die Direktion einschreiten mußte, viele spöttelten darüber, aber Pater Placido versicherte weiterhin, daß Pater Pio wirklich gekommen sei und seinen Abdruck hinterlassen habe. Man bemühte sich mit allen Mitteln, diesen Abdruck zu entfernen, aber dieser blieb trotz alledem für längere Zeit sichtbar. Pater D'Apolito, der sich in San Severo befand, kam auch ins Spital, besichtigte den Abdruck und wollte dann, um sich zu vergewissern, ob Pater Pio wirklich gekommen war, um Pater Placido zu heilen, nach San Giovanni Rotondo fahren. Er fragte Pater Pio, ob er wirklich in San Severo gewesen sei. Und Pater Pio antwortete: «Ja, ich war dort, aber du sollst das niemandem sagen!»

7.
Bettler aus der anderen Welt

Die Christen in ihrer Bestimmung auf Gott hin als das letzte Ziel ihres Lebens, müssen sich auf dieser Welt vorbereiten, seiner würdig zu sein, wenn sie zu Ihm gerufen werden. Aber nicht alle denken, solange sie leben, daran, diese Vorbereitung zu machen, oder wenn sie auch daran denken, so haben sie keine Zeit, denn ihr Leben ist zu Ende, wenn sie es am allerwenigsten erwarten. Darum gibt es nach dem Tod eine ersatzweise Vorbereitung. Manchmal gestattet es der Herr, daß einige von diesen kommen, um von den Lebenden Hilfe zu erbitten. Pater Pio hatte viele Bitten von diesen Bettlern aus der anderen Welt, auch wenn er nur wenig davon gesprochen hat. Von einigen jedenfalls hat er uns eine eindrucksvolle Schilderung hinterlassen, wie man aus den folgenden Fällen ersehen kann.

Vier Tote, die sich am Kamin wärmen

Diese Erzählung machte er seinen Novizen, deren Betreuer er war, an einem Abend im Februar 1922 in San Giovanni Rotondo mit diesen Worten: «Jetzt hört, was ich vor wenigen Abenden erlebt habe. Ich kam zum Feuer herunter (zur gemeinsamen Feuerstelle), um mich zu wärmen. Da traf ich zu meiner Überraschung vier Brüder an, die ich niemals gesehen hatte, alle schweigend am Feuer sitzend, mit den Kapuzen auf dem Kopf. Ich grüßte sie: Gelobt sei Jesus Christus. Keiner antwortete mir.

Verwundert schaute ich sie alle aufmerksam an, um zu sehen, wer sie seien, aber ich erkannte sie nicht. Ich blieb ein paar Minuten stehen, und als ich sie weiter betrachtete, schien es mir, als würden sie leiden. Ich wiederholte den Gruß, auch dieses Mal ohne Antwort, und stieg zum Konvent hinauf, um mich zu erkundigen, ob vielleicht fremde Brüder angekommen wären. Der Pater Superior antwortete mir: Wer würde sich schon zu uns herunter wagen bei diesem furchtbaren Wetter?

Ich fügte an: Pater Guardian, unten am Feuer sitzen vier Kapuzinerbrüder auf den Bänken rund um das Feuer, die Kapuzen auf dem Kopf, um sich zu wärmen. Ich grüßte sie, aber sie antworteten mir nicht. Ich sah sie genau an, konnte sie aber nicht erkennen. Ich weiß nicht, wer sie sind.

Der Pater Guardian rief aus: Ist es möglich, daß fremde Brüder angekommen sind, ohne daß ich davon etwas weiß? Komm, sehen wir sie uns an!

Wir gingen zum Feuer hinunter und trafen niemanden an. Da verstand ich, daß die vier Brüder, die ich gesehen hatte, vier verstorbene Mönche waren, die an dem Ort das Fegefeuer abbüßten, wo sie den Herrn beleidigt hatten. Ich blieb die ganze Nacht im Gebet vor Jesus im Sakrament für ihre Erlösung aus dem Fegefeuer.»

Der Alte, der lebend verbrannte

Dies erzählte Pater Pio Msgr. Alberto Costa, Bischof von Melfi, eines nachmittags im Mai 1922.

«Wir waren mitten im Weltkrieg. Der Konvent von San Giovanni Rotondo war, wie alle andern Konvente der monastischen Provinz, fast leer, da die Brüder alle zu den Waffen gerufen worden waren. Hier war das Serafische Kolleg, von mir und von Pater Paolino da Casacalenda betreut.

An einem Winternachmittag, als sehr viel Schnee gefallen war, kam Fräulein Assunta Di Tommaso, die Schwester des Pater Paolino, um sich einige Tage hier aufzuhalten.

Vor der Abenddämmerung sagte Pater Paolino zu seiner Schwester, sie solle ins Dorf hinunter gehen und bei Frau Rachelina Russo wohnen, einer Wohltäterin des Klosters. Assunta wollte nicht allein aus dem Kloster weggehen, da so viel Schnee lag und sie Angst vor herumirrenden Wölfen und vor Vagabunden hatte. Pater Paolino sagte: Assunta, du weißt, im Konvent ist Klausur und Frauen dürfen nicht hineinkommen, was sollen wir machen?

Assunta antwortete:

Laß mir hierher ein Bett bringen, in diesem Zimmer werde ich mich für die eine Nacht einrichten und morgen gehe ich zur Frau Rachelina.

Pater Paolino sagte: Wenn du hier im Gästetrakt bleiben willst, lasse ich dir ein Bett herrichten, so kannst du ruhig schlafen.

Er gab Anweisung, ein Bett zu bringen und Feuer im Kamin zu machen, um das Zimmer zu erwärmen.

Nach dem Abendessen, als die Jungen zu Bett gebracht waren, stiegen Pater Paolino und ich noch hinab, um uns von Assunta zu verabschieden. Pater Paolino sagte zu seiner Schwester: Assunta, ich gehe noch in die Kirche, um den Rosenkranz zu beten, du, bleibe solange hier mit Pater Pio.

Assunta antwortete: Ich will auch mitkommen.

So gingen sie in die Kirche, und ich blieb alleine beim Kamin zurück.

Ich betete mit halbgeschlossenen Augen, als ich bemerkte, daß sich die Türe öffnete und ich sah, daß ein alter Mann eintrat, in einen Mantel gehüllt in der Art der Bauern von San Giovanni Rotondo, und sich zu mir setzte. Ich blickte ihn an, aber ich fragte mich nicht, wie er denn um diese Zeit noch in den Konvent hereingekommen wäre. Ich richtete das Wort an ihn und fragte ihn: Wer bist du denn? Was möchtest du?

Er antwortete mir: Pater Pio, ich bin der und der von dort und dort... und sagte mir seinen Namen und andere Kennzeichen: Pietro Di Mauro, vormals Nicola, vulgo Precoco... Da fügte er noch an: Ich bin in diesem Kloster am 18. September

1908 in der Zelle Nr. 4 gestorben, als hier noch das Asyl für Bettler war.

Eines Abends war ich im Bett eingeschlafen mit der brennenden Zigarette, die die Matratze entzündete, sodaß ich erstickte und verbrannte. Ich bin noch immer im Fegefeuer. Ich brauche eine heilige Messe für meine Erlösung. Der Herr hat mir erlaubt, zu euch zu kommen und euch darum zu bitten.

Nachdem ich ihn angehört hatte, sagte ich zu ihm: Sei ganz ruhig, morgen werde ich die heilige Messe für deine Befreiung lesen. Ich erhob mich, begleitete ihn zum Tor des Klosters, um ihn hinauszulassen.

Ich war mir in diesem Moment nicht bewußt, daß das Tor verschlossen und verriegelt war. Ich öffnete und entließ ihn. Der Mond schien und erleuchtete taghell den schneebedeckten Platz. Als ich ihn nicht mehr vor mir sah, wurde ich von Angst ergriffen, schloß das Tor und ging ins Fremdenzimmer und fühlte mich einer Ohnmacht nahe. Nachdem Pater Paolino und seine Schwester den Rosenkranz beendet hatten, kehrten sie ins Fremdenzimmer zurück, und da sie mich ganz blaß und bleich antrafen, dachten sie sofort, daß ich krank sei.

Nach dem Gute-Nacht-Gruß begleitete mich Pater Paolino noch in meine Zelle. Ich sagte nichts von der Erscheinung des Verstorbenen.

Einige Tage nach der Abreise der Schwester wollte Pater Paolino wissen, was mir an jenem Abend geschehen sei, an dem ich mich schlecht fühlte. Ich gestand ihm alles und berichtete ihm die ganze Erscheinung des Verstorbenen mit den kleinsten Details. Dann fügte ich noch hinzu: An jenem Abend konnte ich in Gegenwart deiner Schwester nichts davon sagen, daß mir der Tote erschienen war, sonst hätte sie nicht mehr im Fremdenzimmer geschlafen.»

Pater Paolino wollte die Wahrheit über diesen Toten nachprüfen, schrieb sich alles genau auf und begab sich zum Einwohneramt der Gemeinde, wo er die Bestätigung über alles fand, was Pater Pio erzählt hatte.

In der dunklen Kirche

Man kennt auch eine andere Erzählung von Pater Pio über die Erscheinung eines Novizenbruders.

Eines Abends betete er im Chor, als seine Aufmerksamkeit von einem geräuschhaften Herumhantieren am Altar erregt wurde. Er vermutete, daß irgend jemand mit bösen Absichten hereingekommen wäre und fragte: «Wer ist da oben?» Aber auf seine Frage antwortete niemand. Da fuhr er in seinen Gebeten fort und dachte, daß das Geräusch vom Wind verursacht worden wäre. Aber das Durcheinander machte sich wieder bemerkbar. Da erhob er sich, ging zum Gitter und blickte zum Hauptaltar, wo die Gestalt eines jungen Bruders erschien, der mit der Reinigung beschäftigt war. Er sagte zu ihm: «Was machst du da?» Dieser Bruder gab zur Antwort: «Ich putze.» Und Pater Pio: «Wie denn, du putzt im dunkeln?» Da hörte er ihn sagen: «Ich bin ein Kapuzinernovize, der hier sein Fegefeuer abbüßt. Ich brauche Fürbitte.» Da er dies gesagt hatte, verschwand er. Pater Pio kam ihm zu Hilfe, indem er am nächsten Morgen die heilige Messe für ihn las.

Jetzt sind alle Krankheiten vorbei

Pater Pio selbst erzählte Pater Bernardo d'Apicella folgende Begebenheit.

Pater Elia da Pianisi kam am 29. Dezember 1936 von Foggia nach San Giovanni Rotondo herauf, um ihm Pater Giuseppantonio da San Marco in Lamis anzuempfehlen, der sich in Lebensgefahr befand. Pater Pio versichert ihm, daß er für den Todkranken beten wolle. Er verbringt den ganzen 29. Dezember mit seinen üblichen Tätigkeiten als Priester und dann vergeht auch noch der 30. Dezember ebenso. Am Ende dieses Tages steigt er gegen 20 Uhr in seine Zelle hinauf und will sich gerade niederlegen, als er sich ganz plötzlich Pater Giuseppantonio gegenüber sieht. Voller Überraschung fragt er ihn: «Wie denn, man hat mir gerade gesagt, daß du schwer krank seiest und du bist hier...?» Und Pater Giuseppantonio macht eine charakteristische Geste, die besagt, daß er bereits gestorben sei, und gibt ihm damit zu verstehen, daß nun alle Krankheiten vorüber seien.

Eine Freundin kommt aus dem Jenseits

Als ich am 7. März 1988 in der Nähe von Trevi (PG) vorbeikam, wo zurzeit die Marchesa Giovanna Boschi wohnt, von der ich schon an anderer Stelle in diesem Buch gesprochen habe, wollte ich zu ihr in das Städtchen hinauffahren, um von ihr einige Einzelheiten über die Erscheinung der Margherita Hamilton zu erfahren, die drei Tage nach ihrem Tod stattgefunden hatte. Sie erzählte mir, daß ihr diese Freundin anvertraut hätte, daß Pater Pio ihr bei ihrer letzten Beichte versichert hätte, daß er ihr im Augenblick ihres Todes zu Hilfe gekommen wäre und sie dreimal gesegnet hätte.

Eines Tages im Jahre 1974 sagte Margherita Hamilton zur Marchesa Boschi: «Pater Pio kommt im Traum zu so vielen Personen, aber zu mir ist er niemals gekommen.» Am 29. April 1974 jedoch konnte sie zu Signora Giovanna sagen: «Pater Pio ist mir heute nacht im Traum erschienen... er hat mich dreimal gesegnet. Nun ist die Stunde meines Todes gekommen!» Die Marchesa Giovanna erwiderte, daß es sich immer ja nur um einen Traum handelte, den man nicht allzu ernst nehmen sollte. Wie immer, sie und ihre Freundin schlossen einen Pakt: Wer von beiden zuerst gestorben wäre, sollte, wenn der Herr es erlaube, der anderen berichten, wie es ihr im Jenseits ergehe. Am Nachmittag desselben Tages begab sich Marchesa Giovanna zur Freundin Margherita, um mit mehr Ruhe mit ihr über den Traum zu sprechen und sie zu trösten. Aber während sie sprach, sah sie diese plötzlich ganz bleich werden und unter einem Infarkt zusammenbrechen. Groß war der Schmerz und die Erschütterung der Marchesa. Man bestattete die Freundin. Als die

140

Signora drei Tage danach an ihrem Bett lehnte und den Rosenkranz betete, sah sie Margherita auf dem Lehnsessel sitzen, wo sich gewöhnlich ihr Gatte Fernando nach dem Mittagessen ausruht. Sie glaubt zunächst an eine Halluzination. Sie reibt sich die Augen, schaut und schaut wieder, aber die Freundin sitzt immer noch da auf dem Lehnstuhl mit einem Licht in der Höhe der Brust. Endlich nimmt sie all ihren Mut zusammen und fragt sie laut, ob sie die Freundin Margherita selbst sei. Diese antwortete, ja, sie sei es. Sie sei es selbst und sei gekommen, ihr zu sagen, daß Pater Pio ihr im Moment des Todes zu Hilfe gekommen war, daß sie gerettet und froh sei, und sie bitte, für sie zu beten. Dann verschwand sie.

8.
Vertrautheit mit
dem Schutzengel

Der Schutzengel ist für viele von uns praktisch etwas wie der große Unbekannte, für Pater Pio hingegen war er ein vertrautes Wesen, das sowohl an seiner Heiligung als auch an seinem Priesteramt mitarbeitete. Zwischen ihm und seinem Schutzengel hatte sich eine Art von Fusion des Geistes gebildet, das so wie ein Zusammenleben funktionierte. Sicherlich machte der so außergewöhnliche geistige Weg von Pater Pio auch ein außerordentliches Mitwirken des Schutzengels nötig. Und ebenso erforderte das Priesteramt, das bei ihm mit so vielen Charismen ausgestattet war, eine Verschiedenheit von Dienstleistungen, wie etwa die des Boten bei den Personen, zu denen Pater Pio in Kontakt gekommen war, des Übersetzens fremder Sprachen usw. Ich gebe hier einige Episoden wieder, die sich auf die Vertrautheit des Paters Pio mit dem Schutzengel beziehen.

Pater Pio schmollt mit dem Schutzengel

Es geschah einmal, daß Pater Pio ganz heftig vom Satan und seinen Gehilfen attackiert worden war, den «cosacci» (Fratzen), wie er sie nannte. Der Kampf war so erbittert, daß Pater Pio sich an einem bestimmten Punkt schon fast verloren glaubte und den Schutzengel zu Hilfe rief. Aber dieser ließ sich nicht blicken, sodaß er alleine fertig werden mußte. Am Ende, da Pater Pio sich, wie immer, vollkommen eingesetzt und intensiv gebetet hatte, ging er aus dem Kampf als Sieger hervor, jedoch sehr erschöpft. Da erst ließ sich der Schutzengel wieder sehen. Pater Pio stellte ihn schmollend zur Rede und warf ihm sein Fernbleiben vor im Moment, da er ihn dringend gebraucht und ihn mit aller Kraft angerufen hätte. Und dann, so als wollte er ihn «bestrafen», wandte er sich von ihm ab, ohne ihn auch nur anzuschauen. Der Schutzengel nahm dies ganz gedemütigt und fast weinend hin. Dann jedoch schloß er wieder Frieden, und er konnte ihm erklären, daß er nicht in den Kampf mit dem Teufel eingegriffen hatte, nicht etwa aus Nachlässigkeit, sondern nur weil Gott gewollt hatte, daß ihn dieses Mal Pater Pio alleine bestehe, ohne seine Mithilfe.

Pater Pio spricht englisch, ohne die Sprache zu kennen

Es gab ein Mädchen namens Angelina Sorritelli, Tochter eines italienischen Einwanderers in Amerika. Sie war dort geboren und sprach nur englisch. Ihr Vater, Tommaso, wollte sie nach San Giovanni Rotondo bringen und sie dort zur ersten Beichte und zur ersten Kommunion bei Pater Pio führen. In San Giovanni Rotondo befand sich zu dieser Zeit Frau Maria Pyle, eine konvertierte Amerikanerin, die sich in der Nähe des Klosters in einem Haus niedergelassen hatte und an Pater Pios Unternehmungen mitwirkte.

Als Tommaso Sorritelli aus Amerika angekommen war und er erfuhr, daß seine Tochter Angelina bei Pater Pio beichten und kommunizieren wollte, stellte sich Frau Pyle als Dolmetscherin zur Verfügung, da das Kind keine als nur die englische Sprache kannte. Sie brachte sie zu Pater Pio, erklärte die Situation und erbot sich als Übersetzerin bei der Beichte, aber Pater Pio entließ sie und sagte, das wolle er sich direkt mit Angelina ausmachen. Maria Pyle zog sich verwundert zurück, und Pater Pio nahm dem Kind die Beichte ab. Als sie fertig waren, fragte sie das Mädchen: «Aber hat dich Pater Pio verstanden?»

Angelina: «Ja.»

Maria Pyle: «Und hast du ihn verstanden?»
Angelina: «Ja.»
Maria Pyle: «Und wie sprach er... auf englisch?»
Angelina: «Ja, auf englisch!»

Pater Pio unterhält sich auf Deutsch

Professor Bruno Rabajotti erzählt, daß er sich eines Tages in der Zelle von Pater Pio befand und mit ihm den Rosenkranz betete. Am Ende des Gebetes wurden sie von einem deutschen Besucher unterbrochen, groß und hager, mit kurzen weißen Haaren. Dieser Besucher begann mit Pater Pio auf Deutsch zu sprechen, um ihm voller Bewegung zu erzählen, wie das Abenteuer seiner Tochter glücklich zu Ende war, so wie Pater Pio es vorhergesagt hatte. Die Unterhaltung ging eine Weile so dahin mit Fragen und Antworten zwischen den beiden, während Rabajotti seinen Ohren nicht traute, als er Pater Pio deutsch reden hörte, und dieser ihm von Zeit zu Zeit lächelnd anblickte. An einem bestimmten Punkt jedoch sagte er zu ihm: «Du wunderst dich, daß ich eine Sprache spreche und verstehe, die ich nicht kenne? Ich bin nicht der einzige, der dies tun kann. Warum versuchst du es nicht auch?» Darauf Rabajotti: «Aber ich kenne das Deutsche überhaupt nicht, Pater!» Und Pater Pio: «Ich etwa? Es ist leicht, du mußt nur zu reden beginnen. Dieser Mann, der mich vor einem Jahr besucht hat, wird dir seine Geschichte erzählen. Die Teilung der Sprachen, die Barrieren zwischen den Seelen verschwinden, wenn man die einzige wahre Sprache spricht, die des Geistes.» Professor Rabajotti gehorchte Pater Pio, und es gelang ihm zu seinem großen Erstaunen, sich auf Deutsch zu unterhalten mit dem unbekannten Besucher des Pater Pio, während dieser voller Freude mit verschränkten Armen zuhörte. Und dann sagte er: «Wir haben deutsch gesprochen, aber mir schien es, als sprächen wir italienisch. Es war alles so leicht und schön. Am Ende umarmten wir uns, ehe wir uns verließen.»

Pater Pios Schutzengel als Briefträger

Signora Cleonice Morcaldi aus San Giovanni Rotondo erzählt, daß während des Zweiten Weltkrieges einer ihrer Neffen in Kriegsgefangenschaft geriet und sie über ein Jahr keine Nachricht von ihm bekam. Sie fürchtete daher, daß er gefallen sei. Eines Tages ging sie zu Pater Pio und flehte ihn an, indem sie sich ihm zu Füßen warf, daß er ihr wenigstens sage, ob er lebendig oder tot sei. Pater Pio versicherte es ihr, indem er sagte: «Steh auf und geh in Ruhe nach Hause.» Diese Worte jedoch, obwohl sie ihr eine gewisse Sicherheit gaben, entfernten nicht ihren Zweifel und so wuchs die Angst in ihr immer mehr, während die Tage vergingen, ohne daß sie Nachricht von ihrem Neffen bekommen hätte. Am Ende wollte sie zu einem eher gewagten Hilfsmittel greifen, wenn es auch von einem großen Glauben gestützt war. Sie kehrte zu Pater Pio zurück und sagte: «Pater, machen wir es so: Ich schreibe einen Brief an meinen Neffen Giovannino und setze vorne nur seinen Namen darauf, weil ich nicht weiß, wohin ich ihn adressieren sollte. Ihr und euer Schutzengel transportiert ihn dorthin, wo er sich befindet.» Pater Pio sagte nichts und sie dachte: «Wer schweigt, stimmt zu» und begann wieder zu hoffen. Sie schrieb den Brief, und legte ihn abends vor dem Schlafengehen auf die Kommode. Am nächsten Morgen bemerkte sie verwundert und auch ein wenig erschrocken, daß der Brief nicht mehr da war. Sie lief zu Pater Pio und hörte ihn sagen: «Danke der Jungfrau.» Zwei Wochen später empfing sie die Antwort auf ihren Brief mit der Nachricht, daß ihr Neffe Giovannino am Leben war, sich an dem und dem Ort befand und sie ihn bald wieder sehen werde.

Eine geistige Tochter will es erzwingen

Als es Pater Pio verboten worden war, Korrespondenzen mit seinen geistigen Söhnen und Töchtern zu unterhalten, kamen einige von diesen zu ihm und fragten ihn: «Pater, wie sollen wir es jetzt machen, da Sie nicht mehr schreiben können?» Und er antwortete: «Schickt euren Schutzengel.»

Eine geistige Tochter, die im Konvent arbeitete und fleißig an den Werken von Pater Pio mitwirkte, kam eines Tages in den Konvent und bat hartnäckig darum, zu Pater Pio vorgelassen zu werden, obwohl sie von dem ihm auferlegten Verbot wußte, mit der Außenwelt Kontakte zu pflegen. Sie müsse absolut mit ihm über ganz wichtige Dinge sprechen, die ihre Seele betrafen. Aber Pater Pio ließ sie wissen, im Gehorsam zu den empfangenen Regeln könne und wolle er nicht ins Refektorium herunter kommen. Da ließ sie sich, da sie sich weniger um die Situation des Pater Pio als um ihre Bedürfnisse kümmerte, zur Gereiztheit hinreißen und beklagte sich lauthals, daß nach allem, was sie für das Kloster und für Pater Pio getan hätte, man sie auf solche Weise behandelte! Nach Hause zurückgekehrt, zürnte sie auch mit ihrem Schutzengel und sagte zu ihm, er solle Pater Pio sagen, daß sie am nächsten Tag nicht zur Messe und nicht zur Kommunion gehen würde. Offenbar führte der Schutzengel diesen Befehl aus, denn am selben Abend noch ließ ihr Pater Pio ausrichten, sie solle am nächsten Tag nicht zur Kommunion gehen.

Am nächsten Morgen kam Rachelina trotz allem zum Konvent, um ihre Arbeit gemeinsam mit ihrer Mitschwester Lucietta Fiorentino zu leisten, und während sie im Gästehaus sind, erscheint Pater Pio und sagt zu ihr: «Wie brav...! Der Schutzengel ist dein Gepäckträger! Du hast ihn zu mir geschickt und ihm gebieterisch befohlen, auf mir deinen ganzen Ärger abzuladen...!» Und dann, indem er sich an die Mitschwester Lucietta Fiorentino wandte: «Weißt du, Lucietta, was dieses Fräulein getan hat? Sie hat sich aufgeregt und sich vorgenommen, weder zur Messe zu gehen, noch die Kommunion zu nehmen. Und dann hat sie hochmütig ihrem Schutzengel befohlen, mir das auch noch mitzuteilen...!» Da fragte Rachelina ganz niedergedrückt: «Also Pater, hat er euch alles gesagt...?» Und Pater Pio darauf: «Er ist ja nicht so ungehorsam wie du, sicherlich ist er gekommen, mir alles zu sagen!»

146

Pater Pios Schutzengel ist zu rücksichtsvoll

Einmal war Pater Pio längere Zeit krank und ans Bett gefesselt. Sein damaliger Superior, Pater Paolino da Casacalenda, besuchte ihn oft und eines Abends sagte er zu ihm, daß er ihm seinen Schutzengel schicken solle, wenn er in der Nacht irgend etwas brauche. Pater Pio sagte, daß er es tun wolle. Pater Paolino zog sich zurück und ging schlafen. Er erwachte nur halb und in diesem Halbschlaf glaubte er, daß der Schutzengel des Pater Pio gekommen wäre, ihn zu wecken und zu Pater Pio zu rufen. Dann jedoch übermannte ihn wieder die Schwere des Schlafes, und er fiel in einen tiefen Schlummer zurück. Als er sich dann morgens zu Pater Pio begab, erzählte er ihm von dem Vorfall, und sagte, daß er sich schäme, nicht gekommen zu sein, und er solle das nächste Mal seinem Engel sagen, er möge ihn heftiger schütteln. In der zweiten Nacht kam wieder der Schutzengel und rüttelte stark am Bett von Pater Paolino. Aber auch diesmal gelang es ihm nicht, vollkommen munter zu werden, und er fiel neuerlich in Schlaf. Morgens, beschämter als je, kam er wieder zu Pater Pio und sagte zu ihm, daß der Schutzengel keine Rücksichten auf ihn nehmen dürfe, denn sonst wäre es sinnlos, wenn er ihn aufwecken wollte. Er müßte ihn so stark schütteln, daß er gezwungen wäre, aufzustehen und zu ihm zu laufen. So kam die dritte Nacht heran, und wieder kam der Schutzengel um Pater Paolino aufzuwecken und diesmal machte er es so, daß dieser gezwungen war, aus dem Bett zu springen und zu Pater Pio zu kommen. Als er bei ihm war, fragte er: «Was brauchst du?» Und Pater Pio: «Ich bin ganz von Schweiß bedeckt, hilf mir bitte, etwas anderes anzuziehen, weil ich es alleine nicht kann.» Da konnte Pater Paolino ihm endlich helfen und war froh, daß diesmal die Schwere seines Schlafes nicht über seinen Wunsch gesiegt hatte, Pater Pio zu helfen.

9.

Auf du und du mit Blaubart

Für jemanden wie Pater Pio, der vom Herrn dazu ausersehen war, ein immenses Verdienst zur Ehre Gottes und für das Heil der Seelen in einem großen Gebiet dieser Welt zu erwirken, war es einfach unmöglich, nicht auf den erbitterten Widerstand jenes Feindes Gottes und des Menschen zu treffen, der der Teufel ist. Pater Pio nannte ihn Blaubart. Mit ihm hatte er sich von seinen ersten Schritten zur Heiligkeit an auseinandersetzen müssen und hatte einen ständigen furchtbaren Kampf zu bestehen, der ihn ungeheure Opfer kostete, auch mit physischen Rückwirkungen auf seinen Körper. Aus allen Kämpfen jedoch ging er immer als Sieger hervor. Wir bringen einige Episoden aus dem Krieg zwischen Pater Pio und dem Teufel.

Ein furchtbar wilder Hund

Pater Pio selbst hat diese Begebenheit seinem Spiritual, Pater Agostino, so erzählt.

«Ich befand mich in San Elia a Pianisi zur Zeit meines Philosophiestudiums. Meine Zelle war die vorletzte auf dem Korridor, der sich hinter der Kirche, auf der Höhe der Nische der Immaculata befindet, welche den Hauptaltar beherrscht.

In einer Sommernacht, nach dem Gebet der Matutin, hatte ich Tür und Fenster wegen der großen Hitze geöffnet, als ich Geräusche hörte, die aus der Nachbarzelle zu kommen schienen. Was mag um diese Stunde Bruder Atanasio nur machen? fragte ich mich. Da ich glaubte, er würde wachen und in Anbetung versunken sein, begann ich den Rosenkranz zu beten. Es gab zwischen uns ja tatsächlich eine Art Wettstreit, wer mehr betete, und da wollte ich nicht zurückbleiben.

Da diese Geräusche jedoch andauerten und aufdringlicher wurden, wollte ich den Mitbruder rufen. Mittlerweile roch es sehr stark nach Schwefel. Ich lehnte mich aus dem Fenster um ihn zu rufen. Die beiden Fenster — meines und das des Fra Atanasio — waren so nahe, daß man ohne weiteres Bücher oder anderes hinüberreichen konnte, wenn man nur die Hand ausstreckte. Fra Atanasio, Fra Atanasio! versuchte ich zu rufen, ohne allzu laut zu schreien. Da ich keine Antwort erhielt, zog ich mich wieder zurück, aber voller Schrecken sah ich einen riesigen Hund bei der Türe hereinkommen, aus dessen Mund starker Rauch quoll. Ich fiel rücklings auf das Bett und hörte eine Stimme: Er ist es, er ist es! Während ich mich in dieser Lage befand, sah ich, wie das Untier in einem Satz auf das Dach gegenüber sprang und dann verschwand.»

Pater Pio erfuhr am nächsten Tag, daß Fra Atanasio nicht in der Zelle gewesen war, weil er sich nicht im Konvent befunden hatte. Er wollte daher von den Leuten des Ortes erfahren, wer dieser wilde Hund sei, aber niemand wußte etwas darüber. Daher kam er zu der Überzeugung, daß der Teufel in der Form dieses Untieres gekommen war, ihn zu besuchen. Später ist er ihm dann tags wie nachts in den verschiedensten Erscheinungsformen wieder erschienen. Der Teufels stellte sich fast immer in obszönen menschlichen und tierischen Formen dar. Manchmal aber nahm er sogar Ähnlichkeit mit Engeln an, mit San Francesco, der Madonna und dem Gekreuzigten. Pater Pio selbst schrieb: «Blaubart will sich nicht geschlagen geben. Er hat fast alle möglichen Formen angenommen. Seit einigen Tagen kommt er mit seinen Helfern, die mit Stöcken und mit Eisen bewaffnet sind, und was noch schlimmer ist, in ihrer eigenen Gestalt... Letzte Nacht verbrachte ich äußerst schlecht. Diese Fratze machte von zehn Uhr an, als ich mich zu Bett legte, bis um fünf Uhr morgens nichts anderes, als mich fortwährend zu schlagen. Zahllos waren die teuflischen Einflüsterungen, die er meinem Geist vorgaukelte; Gedanken der Verzweiflung, des Mißtrauens gegen Gott... Ich glaubte geradezu, daß es die letzte Nacht meiner Existenz sei; oder aber, wenn ich nicht stürbe, so doch den Verstand verlöre. Aber Jesus sei gelobt, daß nichts davon sich verwirklichte. Um fünf Uhr morgens, als jene Fratze mich wieder verließ, wurde mein ganzer Leib von einer Kälte geschüttelt, die mich vom Kopf bis zu den Füßen erzittern ließ, wie ein Rohr in heftigem Wind. Dies dauerte einige Stunden. Aus dem Mund verlor ich Blut.»

Ein falscher Beichtvater

Einmal befand sich Pater Pio im Konvent von Venafro (Campobasso) und lag krank zu Bett. Plötzlich öffnet sich die Türe und der Teufel zeigt sich in der Erscheinungsform seines Beichtvaters, Pater Agostino da San Marco in Lamis. Er tritt ans Bett und sagt zu Pater Pio, er sei gekommen, um ihm die Beichte abzunehmen. Pater Pio jedoch schaut ihn genau an, er sieht zwar, das er mit Pater Agostino Ähnlichkeit besitzt, aber er ist nicht ganz überzeugt, denn von diesem Gesicht geht etwas Seltsames aus, was ihn beunruhigt und überdies fühlt er jenes Gefühl des Ekels, das er jedesmal empfindet angesichts diabolischer Erscheinungen. Da befiehlt er ihm, um sich zu vergewissern, ob es wirklich Pater Agostino sei: «Sage: es lebe Jesus!» Und jener, der tatsächlich nicht Pater Agostino war, sondern der Teufel, schreit: «Nein!» und verschwindet sogleich.

Ein Bischof zwischen Skepsis und Angst

Seit geraumer Zeit hatte Pater Pio mit dem Teufel zu tun und hatte sich mittlerweile an seine Besuche gewöhnt, an seine Quälereien und Kämpfe, in denen er jedoch immer siegreich blieb, auch wenn er aus dem Kampf physisch übel zugerichtet hervorging.

Nach einer langen Periode, die er in seinem Geburtsort Pietrelcina in der Provinz Benevento zugebracht hatte, um seine Gesundheit wieder zu erlangen, die auf unerklärliche Weise gefährdet war, empfing er den Befehl, sich ins Kloster in Sankt Anna in Foggia zu begeben. Mit seiner Ankunft jedoch verlor das Kloster sehr bald die Ruhe, die es bis dahin besessen hatte, denn der Teufel war Pater Pio auch in jene Wohnung gefolgt. Und so hörte man jede Nacht zu einer bestimmten Stunde eigenartige Geräusche, die in einer furchtbaren Detonation kulminierten. Pater Pio wurde auf alle Arten versucht, angefallen, mißhandelt, hin und her gezerrt in einem unbeschreiblichen Aufruhr, und wenn der Teufel sah, daß er ihn nicht besiegen konnte, verließ er ihn mit einem infernalischen Lärm.

Seine Mitbrüder waren fassungslos und verängstigt. Sie hofften nur, daß alles schnell zu Ende gehe, jedoch zur großen Besorgnis aller, dauerte dies an. Eines Tages kam zufällig der Bischof von Ariano Irpino, Msgr. Andrea D'Agostino, in den Konvent und bat um gastliche Aufnahme. Sie wurde ihm gerne gewährt. Im Gespräch mit ihm erwähnte man auch die eigenartigen Geräusche, die aus der Zelle Pater Pios kamen und von seinem Kampf mit dem Teufel herrührten. Der Bischof hörte zu, aber dann tat er alles mit der Versicherung ab, daß es sich seinem Urteil nach nur um Albernheiten handle, denen man keinen Glauben schenken solle. Aber er selbst mußte in jener Nacht seine Versicherungen revidieren, denn zu der bestimmten Stunde hörte man wieder die Geräusche mit der Schlußexplosion, und der Bischof wurde von einer derartigen Furcht ergriffen, daß er augenblicklich den Konvent verlassen wollte. Aber es war zwei Uhr nachts und um diese Stunde gab es keine Transportmittel mehr, sodaß er gezwungen war, auch den Rest der Nacht im Kloster zu verbringen. Er verlangte jedoch, daß ihm ein Bruder in seinem Zimmer Gesellschaft leiste. Am Morgen jedoch hatte er es sehr eilig, abzureisen, offensichtlich mit Ideen, die sehr verschieden waren von denen, mit denen er angekommen war bezüglich der Ereignisse um Pater Pio. Erleben um zu glauben!

Bleibe noch ein wenig hier!

Es gab im Kloster Santa Anna in Foggia einen Mitbruder von Pater Pio, der sich Fra Francesco da Torremaggiore nannte. Dieser hielt sich abends häufig bei Pater Pio auf, um ihm Gesellschaft zu leisten, und Pater Pio hielt viel auf seine Gesellschaft, denn solange er bei ihm war, kamen die «Fratzen», wie er die Teufel nannte, nicht zu ihm. Eines Abends also stieg Fra Francesco wieder zur Zelle des Pater Pio hinauf und unterhielt sich mit ihm. Er war jedoch an diesem Abend sehr müde und es geschah häufig, daß er einschlief. So wollte er sich verabschieden, aber als er sich erhob, sagte Pater Pio zu ihm: «Bleibe noch ein wenig, denn sonst kommen jene (die Fratzen!)» Und Fra Francesco setzte sich wieder hin und blieb noch etwas länger, aber seine Müdigkeit und Schläfrigkeit waren sehr groß. So sagte er an einem bestimmten Moment, daß er nicht mehr könne. Er erhob sich und sagte zu Pater Pio, daß er nun wirklich gehen müsse. Und Pater Pio: «Ist gut, mein Bruder, gehe nur!» So ging Fra Francesco aus der Zelle weg, er hatte jedoch erst wenige Schritte gemacht, als er aus der Zelle von Pater Pio einen infernalischen Lärm hörte. Er kehrte sofort um und fand Pater Pio erschöpft und schweißgebadet wegen des Kampfes, den er mit den Teufeln hatte ausfechten müssen, welche sofort den Weggang des Fra Francesco ausgenützt hatten, um ihn wie gewöhnlich anzufallen.

Sie werden nichts mehr hören

Das Auftreten dieses seltsamen Lärmes, den man aus der Zelle von Pater Pio im Santa Anna-Kloster in Foggia hörte, hatte schließlich die Geduld aller Mitbrüder erschöpft, aber besonders einer von ihnen, der, obgleich er sehr gutmütig und verständnisvoll war, an Neurasthenie litt und vor Nervosität nicht mehr aus und ein wußte.

Als er sich eines Abends mit seinen Mitbrüdern im Refektorium befand, hörte man wieder diesen höllischen Krach, der sich genau über dem Refektorium, in der Zelle Pater Pios ereignete. Von Zorn gepackt brüllte er: «Aber dieser Lärm könnte doch endlich einmal aufhören!» Als man dies Pater Pio überbrachte, rief er mit einer resignierenden Geste aus: «Also gut, das soll also heißen, daß sie nichts mehr davon hören werden.» Er betete zum Herrn, seine Mitbrüder nichts mehr hören zu lassen, und die Brüder hörten in der Tat nichts mehr davon. Aber das sollte nicht bedeuten, daß Pater Pio nicht mehr vom Teufel gequält worden wäre. Ganz im Gegenteil! Er trug also auch noch dieses Kreuz.

Verletzung des Briefgeheimnisses

Als sich Pater Pio einmal aus Gesundheitsgründen in Pietrelcina aufhielt, bekam er eine Postkarte von seinem Spiritual, Pater Agostino da San Marco in Lamis. Er hatte sich jedoch der direkten Führung des Erzbischofs, Don Salvatore Pannullo, unterstellt. Dieser trug, da er aus vielen Zeichen ersah, daß er es auch mit einem außergewöhnlichen Büßer zu tun hatte, Sorge dafür, daß unter den Leuten keine Verwirrung entstand. Unter anderem war er mit Pater Pio übereingekommen, daß er Briefe, die er von Pater Agostino bekam, ihm zuerst ungeöffnet übergebe. Eines Tages also erhielt Pater Pio einen Brief und brachte ihn gleich zu Don Salvatore. Dieser öffnete ihn und fand zu seiner Verwunderung nur ein ganz weißes Blatt Papier darin. Er sagte zu Pater Pio: «Da hat sich vielleicht Pater Agostino geirrt und hat zerstreuterweise statt des beschriebenen Blattes ein ganz leeres Blatt in den Umschlag gesteckt.» Pater Pio jedoch erwiderte: «Pater Agostino hat sich nicht geirrt. Das Blatt ist beschrieben, aber Blaubart hat es unsichtbar gemacht, damit man es nicht lesen kann.» Da sagte nun Don Salvatore zu ihm: «Aber weißt du denn, was auf diesem Blatt geschrieben steht?» Pater Pio: «Ja. Ich weiß es.» Und er sagte alles, was Pater Agostino ihm geschrieben hatte. Don Salvatore war verblüfft, aber um sich zu vergewissern, daß dies alles stimmte, schrieb er an Pater Agostino und fragte ihn, ob er tatsächlich alles geschrieben hätte, was Pater Pio gesagt hatte. Und Pater Agostino bestätigte alles Punkt für Punkt.

Ein anderes Mal kam wieder ein Brief, das Blatt war beschrieben, aber in seiner Mitte war ein großer Fleck in der Form eines Trichters, sodaß man nichts lesen konnte. Dieses Mal jedoch nahm Don Salvatore das Weihwasser, besprengte damit den Fleck, dieser hellte sich auf, sodaß man lesen konnte, was da geschrieben stand.

Exorzismus in der Sakristei

An einem Sonntagnachmittag im Mai 1922 brachten mehrere Personen eine besessene Frau in die Sakristei des Klosters von San Giovanni Rotondo. Pater Pio trat nach Beendigung der Vesperfeier in die Sakristei und fand sich dieser Besessenen gegenüber, welche bei seinem Anblick zu schreien begann, Verwünschungen und Flüche ausstieß und in Konvulsionen verfiel. Pater Pio, heiter und fest, begann seinen Exorzismus. Aber die Besessene schrie und erregte sich immer mehr. Pater Pio setzte seinen Exorzismus fort, ohne sich aus der Ruhe bringen zu lassen. Jene Frau aber wurde ganz plötzlich in die Luft gehoben und auf den Boden geworfen, zum großen Schrecken aller, die dem Exorzismus beiwohnten, und die nun nach allen Seiten davonstürzten. Pater Pio fuhr fort mit seinem Exorzismus. Da verließ der Teuefel ganz unvermittelt die Frau und diese war mit einem Schlag ganz heiter und benahm sich, als sei gar nichts geschehen.

154

Pater Pio bezahlt teuer dafür

Im Jahre 1964 brachte man aus einem bergamaskischen Dorf eine junge Besessene in das Kloster der Kapuziner von San Severo (FG). Dort wohnte Pater Placido da San Marco in Lamis, allgemein von den Leuten verehrt wegen seiner Heiligkeit. Zu ihm wurde die Besessene gebracht, damit er sie vom Dämon befreie. Als die junge Frau Pater Placido sah, begann sie zu schreien, schimpfte und fluchte und versuchte ihn anzufallen. Nach einem kurzen Moment der Aufregung rieten die Mitbrüder des Pater Placido diesem, die Besessene nach San Giovanni Rotondo zu bringen. Ihre Verwandten brachten sie dorthin, damit Pater Pio ihr beistehe. Als sich nun das Mädchen vor Pater Pio befand, wiederholte es mit aller Wildheit dieselben Szenen wie bei Pater Placido. Pater Pio, der in jenem Moment nicht bei Kräften war, um den Exorzismus auszuführen, beschränkte sich darauf, sie zu segnen.

Einige Tage danach wollten einige vom Erzbischof von Manfredonia autorisierte Brüder den Exorzismus vornehmen, um die Besessene vom Dämon zu befreien, aber sie kamen nicht weiter, denn dieser irritierte sie, indem er sagte, daß sie für sich in Anspruch nahmen, ihn zu vertreiben, nachdem sie gegessen und getrunken hatten, anstatt gebetet und gefastet zu haben.

Als Pater Pio erfuhr, daß die Dinge so lagen, war er traurig und nachdenklich. In der folgenden Nacht wurde er vom Teufel in rasender Wut angefallen, der ihm einen furchtbaren Schlag gegen die Wirbelsäule versetzte. Er stürzte unglücklich zu Boden und verletzte sich an der Augenbraue, und sehr bald war sein ganzes Gesicht geschwollen. Im Sturz stieß er einen Schrei aus, den die Mitbrüder hörten, sie eilten sofort herbei und fanden ihn in diesem Zustand. Sie fragten ihn, was geschehen sei und er beschränkte sich darauf, zu sagen, daß er gestürzt sei. Sie verbanden seine Wunden und legten ihn ins Bett. Es ging ihm so schlecht, daß er am Morgen nicht zur Zelebration der heiligen Messe hinuntergehen konnte. Da trat die Besessene vor die in der Kirche wartenden Menschen hin und schrie, daß Pater

Pio nicht kommen würde, denn der alte Bruder sei in der Nacht gehörig verprügelt worden. Und tatsächlich kam nach einiger Zeit der Superior des Klosters, der bekanntgab, daß Pater Pio nicht zur Messe herunterkommen würde, da er sich nicht wohl fühle. Da herrschten große Enttäuschung und Verwirrung unter den Menschen.

Am selben Morgen noch kam der Superior des Klosters San Severo, Pater Alberto D'Apolito, nach San Giovanni und erfuhr, was sich zugetragen hatte. Er begab sich zu Pater Pio und fragte ihn, ob es stimme, was die Leute erzählten. Pater Pio sagte nur: «Es ist möglich.» Da sagte Pater D'Apolito zu ihm, wie leid es ihm tue, daß er geraten habe, diese junge Besessene nach San Giovanni Rotondo zuzuleiten. Worauf Pater Pio antwortete: «Ihr habt mir ein schönes Geschenk gemacht!»

Aber der Kampf zwischen Pater Pio und dem Teufel um dieses besessene Mädchen war noch nicht zu Ende. Pater Pio betete und übte Buße und nach einigen Tagen, da es ihm wieder besser ging, kam er wieder in die Kirche für die heilige Messe. Dieses Mal jedoch stieß die Besessene, sobald sie seiner ansichtig wurde, einen überaus schrillen Schrei aus und fiel ohnmächtig zu Boden. Endlich hatte sie der Teufel verlassen, und das junge Mädchen konnte heiter und ruhig der Messe von Pater Pio beiwohnen und dann geheilt nach Hause zurückkehren. Pater Pio hatte wie gewöhnlich gesiegt, aber dieses Mal hatte er teuer bezahlt!

Ein Fußtritt für Blaubart

Eine Frau aus Bottegone (Pistoia) hatte, es war im Jahre 1946, begonnen physische Störungen zu bekommen, deren Ursache man nicht erkennen konnte: Plötzlich auftretende Schmerzen in den Knien, den Beinen oder anderen Körperteilen und Anschwellungen des Bauches. Dies trat vorallem dann ein, wenn die Frau zu beten begann oder zur Kirche ging.

Sie wandte sich an verschiedene Ärzte, welche ihr einige Medikamente verschrieben, trotz alldem jedoch verschwanden die Schmerzen nicht.

Sie sprach über ihren Zustand auch einmal mit einem Priester in Pistoia und dieser gab ihr den Rat, nachdem er ihr den Segen gespendet hatte, sich an Pater Pio zu wenden. Als sich ein günstiger Moment zeigte, begab sie sich nach San Giovanni Rotondo, um bei Pater Pio zu beichten und dabei die Gelegenheit zu finden, mit ihm über ihre Störungen sprechen zu können. Als die Reihe an sie gekommen war, schleppte sie sich in die Kirche und stellte sich beim Beichtstuhl von Pater Pio auf. Aber als dieser dann kam, schwoll plötzlich ihr ganzer Körper an und sie begann zu schreien. Pater Pio, der die Gegenwart des Blaubartes im Körper der armen Frau bemerkt hatte, ging hin und gab ihr einen Fußtritt und sagte: «Weiche Satan!» Die Frau fiel in Ohnmacht, als sie aber wieder zu sich gekommen war, fühlte sie sich gänzlich vom Teufel befreit. Und während zwei Karabinieri sie durch die Menschenmenge geleiteten, gab ihr Pater Pio den Segen und bat sie: «Gehe und danke der heiligen Himmelsmutter, die dich geheilt hat!»

Blaubart in Pater Pios Beichtstuhl

Pater Benedetto da San Marco in Lamis, Provinzial und Spiritual von Pater Pio, mußte einmal bei ihm einschreiten, um eine hinterhältige List des Blaubartes zu vereiteln, wie Pater Pio den Teufel nannte. Die Dinge hatten sich so ereignet.

In Cerignola (Foggia) lebte ein Mädchen, das die fixe Idee hatte, verdammt zu sein, und deshalb keinen Frieden mehr finden konnte. Die Mutter wollte mit ihr zu Pater Pio fahren, damit dieser sie von ihrer Qual befreie. Sie brachte sie hin und schickte sie zu ihm zur Beichte. Da aber geschah etwas Eigenartiges: Als das Mädchen im Beichtstuhl kniete, hörte es hinter dem Gitter eine Stimme, die ganz genau die Stimme Pater Pios zu sein schien. Es war jedoch nicht seine Stimme, sondern die Stimme des Teufels, der ihn perfekt imitierte und sagte: «Ja, du bist verdammt!» Man stelle sich die Verwirrung und Verzweiflung des Mädchens vor! Es stand auf und ging in tiefster

Fassungslosigkeit und Unruhe weg und sagte zu allen Leuten: «Ich bin verdammt, auch Pater Pio hat es mir gesagt!»

Pater Benedetto hörte davon und fühlte sich verpflichtet, zu Pater Pio zu sagen: «Was hast du da gemacht, mein Sohn? Das arme Mädchen findet überhaupt keine Ruhe mehr. Du mußt doch verstehen, mein Sohn, auch wenn dir der Herr etwas in dieser Art enthüllt, hast du kein Recht, das der armen Unglücklichen auch mitzuteilen!» Pater Pio fiel aus allen Wolken und antwortete ihm, daß er sich niemals etwas ähnliches auch nur träumen hätte lassen. Offensichtlich war Blaubart gekommen, um die Wässer zu trüben und eine Seele in Aufruhr zu versetzen. Er bat darum Pater Benedetto, dieses Mädchen auszuforschen und zu ihm zu schicken, damit er die Dinge in Ordnung bringen könne. Tatsächlich fand man das Mädchen, lud es ein, neuerlich zu Pater Pio zu kommen, welcher ihr die Täuschung erklärte, ihre Zweifel zerstreute, ihr die Beichte abnahm und sie heiter und ruhig entließ.

10.
Ein schmächtiger, kleiner Soldat

Auch Pater Pio leistete seinerzeit den Wehrdienst. Es war November 1915. Seine militärischen Erfahrungen waren sehr kurz, denn seine besondere physische Konstitution erlaubte ihm nicht, sich voll in das Militärleben einzugliedern. Er war vor allem ein kleiner und schmächtiger Soldat. Nichtsdestotrotz diente diese Erfahrung ihm dazu, ein wenig das Militärleben kennenzulernen und uns, in den Besitz einiger köstlicher Anekdoten zu gelangen, von denen wir hier einige wiedergeben. Er selbst machte eines Tages die Bemerkung: «Ich habe aus dieser Probe mehr Früchte geerntet als ich von einem geistigen Exerzitienkurs erhalten konnte.»

Pater Pio riskiert das Kriegsgericht

Pater Pio wurde am 6. November 1915 zum Militär einberufen. Er begab sich zum Militärdistrikt von Benevento und wurde der Zehnten Sanitätskompanie von Neapel zugeteilt mit der Matrikelnummer 2094/25. Dort blieb er jedoch nur bis zum 10. Dezember desselben Jahres, denn wegen fortwährenden Fiebers, wurde er für ein Jahr beurlaubt. Nach Ablauf dieses Krankenurlaubes kehrte er nach Neapel zurück, aber auch dieses Mal blieb er nur kurz, im ganzen etwa zwei Wochen, denn er wurde neuerlich, immer aus Gesundheitsgründen, für sechs Monate nach Hause geschickt. Auf seinem Entlassungsschein stand geschrieben, daß er nach Ende dieser Frist auf neue Befehle zu warten habe. Die Monate vergingen, und die militärischen Autoritäten von Neapel warteten, ohne sich zu erinnern, was man auf den Schein geschrieben hatte, auf die Rückkehr von Pater Pio. Da dieser aber nicht kam, erteilte man dem Hauptmann der Karabinieri in Pietrelcina, von wo Pater Pio zum ersten Mal gekommen war, und dann von San Giovanni Rotondo, wohin er in der Folge übersiedelt war, den Befehl, den Soldaten Francesco Forgione aufzuforschen. Pater Pio war ja bei der Militärbehörde als Soldat Francesco Forgione bekannt, das heißt, unter seinem Taufnamen, nicht aber unter seinem religiösen Namen, Pater Pio. Soviele Untersuchungen der Hauptmann von Pietrelcina und der Hauptmann von San Giovanni Rotondo auch anstellten, sie konnten keinen Soldaten Francesco Forgione ausfindig machen, bis man entdeckte, daß dieser Name mit dem Namen Pater Pio übereinstimmte. Als dieser erfuhr, daß man nach ihn suchte, präsentierte er sich der Militärautorität in Neapel, die ihm zum Vorwurf machte, sich trotz des Risikos, als Deserteur vor das Militärgericht gestellt zu werden, nicht zeitgerecht gemeldet zu haben. Pater Pio wies nur darauf hin, daß auf seinem Urlaubszettel stand, daß er nach Ablauf des Urlaubes auf neue Befehle zu warten habe, welche nicht gekommen seien. Diese Erklärung wurde anerkannt und so... entkam er dem Militärgericht!

Soldat Forgione bringt seine Sachen in Sicherheit

Ganz im Gegensatz zu dem, was man annehmen würde, verstand es Pater Pio als Soldat Francesco Forgione, das Militärleben mit Witz und Fröhlichkeit zu nehmen. Sobald er die Militäruniform anzog, erschien er plump, denn das Gewand war ihm viel zu weit, da er sehr mager war. So kommentierte er sich selbst mit diesen Worten: «Meine Mutter hat mich als Mann gemacht, San Francesco hat mich zur Frau gemacht (in Anspielung auf die Mönchskutte) und die Regierung hat mich zum Pagliaccio gemacht.»

Sowie er bemerkte, daß in der Kaserne die Kleptomanie grassierte und diese Scherze an der Tagesordnung waren; was tat er da, um nicht zu Schaden zu kommen? Er zog sich, um zu verhindern, daß ihm seine Sachen abhanden kämen, alles an, was ihm gehörte. Mager genug war er ja, daß alles zugleich auf ihn paßte! Eines Tages nun wurde er zur ärztlichen Untersuchung gerufen. Dort bekam er den Befehl, sich auszuziehen. Soldat Forgione begann in aller Ruhe alles abzulegen, was er am Leib hatte, eine Jacke, noch eine Jacke; eine Hose, noch eine Hose; ein Hemd, ein zweites Hemd und so fort. Als der Militärarzt bemerkte, was er alles anhatte, rief er aus: «Soldat Forgione, Sie haben nicht ihre Wäsche am Leib, sondern ein ganzes Wäschemagazin!»

Pater Pio in einer Kutsche in Neapel

Pater Pio war seit kurzem in Neapel, als er seinem Vater Orazio schrieb, er solle ihm ein wenig von den guten Eßsachen aus dem Land rund um Pietrelcina bringen. ZiOrazio legte also in einen Korb Olivenöl, Schafkäse und schöne Weintrauben und fuhr damit nach Neapel. Dort wohnten alle Menschen aus Pietrelcina immer in einer bestimmten Pension, die von einer Landsmännin geführt wurde, die Carolina del Maestro hieß, und so hatte auch ZiOrazio die Absicht, dort abzusteigen. Er rief eine Droschke und sagte, er wolle zur Pension Carolina. Der Kutscher tat so, als wüßte er, wo er sich hinwenden müsse, aber dann fuhr er den ZiOrazio dorthin und dahin auf den Straßen von Neapel, bis dieser merkte, daß er überhaupt nicht wußte, wo diese Pension war. Da zeigte er selbst ihm die Straßen, die er fahren mußte und nach kurzem waren sie angelangt. Dem Kutscher jedoch konnte er nicht verzeihen, daß er versucht hatte, ihn hereinzulegen und gab ihm im Moment des Zahlens statt der 75 verlangten Centesimi nur 50, und da war nichts mehr zu machen: Er ließ sich nicht auf den Arm nehmen!

In der Pension Carolina angekommen, fragte er sogleich nach seinem Sohn, und man sagte ihm, daß sein Sohn tatsächlich hier war. In wenigen Augenblicken würde er wieder kommen. Und wirklich sah ZiOrazio nach ganz kurzer Zeit Pater Pio in einer Droschke kommen. Verwundert fragte er ihn: «Was bleibt dir, Pater Pio, von den 75 Centesimi, die du für das Messelesen bekommst, wenn du 50 für die Droschke und 25 für den Mesmer ausgibst?» Aber Pater Pio versicherte ihm, daß er sich diese Ausgabe leisten könne, denn er las die Messe in einer privaten Kapelle und man gebe ihm dafür 15 Lire.

Vater und Sohn taten sich an den guten Früchten ihrer Landschaft gütlich und aßen in Fröhlichkeit. Dann gingen sie auf dem Corso Umberto, auch Rettifilo genannt, spazieren. Als der Moment der Trennung gekommen war, ergriff den Vater die Rührung und er weinte, aber Pater Pio tröstete ihn und sagte, daß er nicht lange unter den Waffen bleiben würde. Und wahrhaftig, am 5. November 1917 wurde er auf Urlaub geschickt, zuerst nach Pietrelcina, dann nach San Giovanni Rotondo und erhielt schließlich am 17. März 1918 seine endgültige Entlassung, und damit war die kurze Periode der Wehrpflicht des Soldaten Francesco Forgione zu Ende.

Auf Dienstreise mit einer Lira in der Hand

Im Dezember 1916 wurde Pater Pio auf Erholungurlaub geschickt, den er in Pietrelcina verbringen mußte. Er mußte die Reise von Neapel nach Benevento im Zug und von Benevento nach Pietrelcina im Autobus machen. Die Fahrkarte für den Zug wurde ihm gratis gegeben, für den Rest bekam er eine Lira als Transportgeld, das für alles reichen mußte: Für die Autobusfahrkarte und eventuelle andere Spesen.

Pater Pio kam aus dem Militärspital, wo er gelegen war, und begab sich langsam zum Bahnhof. Dabei vergnügte er sich, die Menschen in Neapel zu beobachten, so phantasievoll beim Sprechen, Gestikulieren und Agieren! Er kam auf einen Platz und sah einen Markt, wo man alles zu kaufen bekam. Er dachte, es wäre hübsch, den kleinen Neffen ein Geschenk mitzubringen, aber was sollte er mit nur einer Lira in der Hand? In diesem Moment trat ein Verkäufer von kleinen Papierschirmen auf ihn zu. Er sagte, sie kosten eine Lira, aber dann gab er sie doch für 50 oder auch 40 Centesimi. Pater Pio rechnete mit seinem Lirastück und sagte sich: Wenn ich sie für die kleinen Schirme ausgebe, was bleibt mir dann für den Rest...? Er hörte also nicht mehr auf den Verkäufer und beeilte sich, die Stazione Garibaldi zu erreichen. Er ließ seinen Fahrausweis stempeln und siehe da, da kommt ein anderer Schirmverkäufer, der zu ihm sagt: «Korporal, Korporal! schaut, wie schön sie sind, bringt euren Kindern ein kleines Geschenk mit!» Pater Pio hört nicht auf ihn, aber als er sieht, daß dieser weiter auf ihn eindringt, sagt er schließlich: «Du, Bursche, ich will gar nichts, ich brauche nichts, und du bist außerdem nicht ehrlich. Denn auf dem Markt verkaufen sie diese um eine halbe Lira und du willst eineinhalb!» Darauf dieser: «Korporal, ich habe drei Kinder, laßt mich etwas verdienen, kauft doch die Schirme, seid so gut, bitte, bringt euren Lieben ein hübsches Geschenk mit.» Da sagte Pater Pio: «Wollt ihr mir sie für fünfzig Centesimi geben?» Da setzte sich der Zug in Bewegung. Pater Pio lief, sprang auf und als er aus dem Fenster blickte, wurde er von Rührung mit diesem armen Mann ergriffen, nahm 50 Centesimi und warf sie ihm zu mit den Worten: «Geh, nimm alles, und daß Gott dich segne!» Dieser dankte ihm und grüßte ihn voller Zufriedenheit, nahm die 50 Centesimi und ging davon, während Pater Pio seine Reise nach Benevento begann. Als er dort ankam, war es schon später Abend. Er stieg aus dem Zug und machte sich auf die Suche nach einem Winkel, wo er die langen Stunden der Nacht verbringen konnte, da der Autobus erst um fünf Uhr früh von Benevento abfuhr. Aber wieviel er auch suchte, einen Schutz vor der Kälte zu finden, er fand weder im Wartesaal einen Platz, der schon ganz von Militär überfüllt war, noch in der Bar, die ebenfalls zum Bersten voll war. Er versuchte eine Weile auf und ab gehend sich etwas zu erwärmen, aber dann wurde er müde und trat in den Wartesaal, wo er zwar nur stehen konnte, aber doch vor der Kälte geschützt war. Er wäre gerne zur Bar gegangen und hätte gerne etwas Warmes zu sich genommen, aber wie hätte er das machen sollen? Einerseits waren da so viele Leute, die alle Tische besetzten, und andererseits hatte er nur noch die 50 Centesimi, die ihm verblieben waren. So vergingen langsam die Stunden, und er fühlte sich immer müder. Er blickte beharrlich zur Bar hinüber, und war entschlossen, dort ein Plätzchen zu finden, wo er sich ausrasten konnte, aber da war die Gefahr, wenn er sich an einen Tisch setzte, daß der Kellner käme und ihn um seine Bestellung gefragt hätte. Da sah er, daß zwei Tisch frei geworden waren, er ging sachte, sachte hin, und hoffte, daß er nicht bemerkt worden war, setzte sich schließlich an einen der Tische und tat alles, um unbemerkt zu bleiben. Sogleich kamen an den anderen Tisch ein Offizier und zwei Unteroffiziere. Der Kellner sah dies und eilte herbei und nahm die Bestellungen auf, dann wandte er sich an Pater Pio und fragte, was er bestellen wolle. Pater Pio konnte jetzt nicht anders, als auch etwas zu bestellen und sagte, er wolle einen Kaffee. Dabei dachte er daran, daß sich seine 50 Centesimi nun sehr vermindert hätten und die Situation sich für die Weiterreise immer kritischer gestaltete. Aber wie auch immer, er empfahl sich Gott und wartete. Man servierte ihm den Kaffee, und er versuchte so langsam als möglich davon zu nippen, um sein Recht, am Tisch sitzen zu bleiben, so weit als nur möglich auszudehnen, in Erwartung des Autobusses, der ihn nach Pietrelcina bringen würde. Als dieser endlich ankam, erhob sich Pater Pio, ging zu Kassa und machte ein Zeichen, daß er zahlen wolle, da sagt man zu ihm: «Danke, Soldat, es ist schon alles bezahlt!» Wer hatte für ihn bezahlt? Nun, Pater Pio konnte es sich nicht erklären. Wie auch immer, es kam ihm sehr zustatten, wenn man seine abgemagerte Finanzlage betrachtete.

Der Autobus war da, Pater Pio stieg ein und setzte sich ganz hinten hin, um später Gelegenheit zu haben, möglichst unbemerkt mit dem Billetteur sprechen und ihm klarmachen zu können, daß er fast auf dem Trockenen sitze, und daß er, wenn dieser nur Geduld gehabt hätte, alles bezahlt hätte, sobald sie in Pietrelcina angekommen wären. Die Fahrkarte kostete ja tatsächlich 1,80, und er hatte nur 50 Centesimi in der Tasche. Kurz vor der Abreise bestieg noch ein vornehmer Herr den Bus und setzte sich neben Pater Pio. Er hatte einen kleinen Handkoffer, in dem sich ein Thermos und ein Glas befanden, in welches er heißen Kaffee eingoß und dem Pater Pio anbot, während er selbst aus der Thermostasse trank. Als sich der Billetteur näherte, um die Fahrkarten zu verkaufen, sagte er zum Soldaten Forgone: «Soldat, eure Fahrkarte nach Pietrelcina ist bezahlt.» Und auch dieses Mal fragte sich Pater Pio überrascht: Aber wer war es, der mir die Fahrkarte bezahlt hat? Er konnte es sich nicht erklären. Er vermutete, daß es vielleicht dieser vornehme Herr gewesen sei, der sich im Autobus zu ihm gesetzt hatte. Er wollte ihn, kaum in Pietrelcina angekommen, erreichen, aber soviel er auch suchte, er fand ihn nicht: Er war ganz plötzlich verschwunden!

Ein Schlußwort

Wenn man die Verschiedenheit und den Reichtum der Gaben betrachtet, mit denen der Herr Pater Pio hatte ausstatten wollen, könnte man wahrlich überrascht sein, wie Er über eine einzige Person so viele Geschenke ausschütten konnte. Was soll man über diese außerordentliche Tatsache sagen? Sieht man von dem unerforschlichen Geheimnis Gottes ab, mit dem Er seine Kreaturen zum Leben ruft, sie in seinen universalen Plan einfügt, indem Er ihnen eine Mission überträgt und die Mittel gibt, diese auch zu erfüllen, so könnte man doch sagen, daß es eine Art «Stil» gibt, welcher gewöhnlich seine Beziehung zu den Seelen im Praktischen regelt. Wenn sich Ihm jemand total und vollständig übergibt, so entfaltet Er eine verblüffende Großzügigkeit und Reichhaltigkeit seiner außerordentlichen Geschenke: Fast wäre ich versucht zu sagen, daß Er sich ein «Vergnügen» daraus macht, in das Leben seiner Freunde auf die originellste und unvorhersehbarste Art einzugreifen. Wie aus allen seinen Biographien hervorgeht, hatte sich Pater Pio schon von Kindheit an dem Herrn auf vollkommene und unwiderrufliche Weise geweiht, und ist ungeachtet aller mit den Menschen und dem Teufel ausgefochtenen Kämpfe diesem seinem Geschenk an Gott treu geblieben. Wenn man es also genau bedenkt, ist es nicht verwunderlich, daß Gott dermaßen großzügig mit ihm in seinen Gnaden war. Von hier, so würde ich sagen, entspringt eine ewige Mahnung. Sich dem Herrn anzuvertrauen und sich ihm zu überlassen in allen Ereignissen des

Lebens, heißt, wirklich das eigene Glück zu finden, wenn man das Leben in der Klarheit des Glaubens sieht, der uns die Bedeutung unserer Existenz in der irdischen Zeitspanne so wie auch in Hinblick auf das ewige Leben erhellt.

Inhaltsverzeichnis

Beim Parvis-Verlag erschienen

Pater Pio aus Pietrelcina
Erinnerungen an einen bevorzugten Zeugen Christi

Eine ausgezeichnete Biographie über den Pater Pio, seine geistliche Ausstrahlung, die Bekehrungen und Heilungen, die auf seine Fürbitte zurückgehen. von Pater A. Decorte, 320 Seiten
SFR 25.– DM 30.– öS 220.–

Der Rosenkranz
Ein Weg zum immerwährenden Gebet

Sieht nicht der Mensch, der die Perlern seines Rosenkranzes immer wieder durch seine Finger gleiten ließ, in der Tiefe der Betrachtung die Gnade des immerwährenden Gebets hervorquellen?
Ein Buch für alle, die den Rosenkranz beten oder (besser) beten möchten! Im 2. Teil des Buches findet man Betrachtungen über die 15 Geheimnisse des Rosenkranzes.
von Pater Jean Lafrance, 128 Seiten, 13x20 cm
SFR 14.– DM 17.– öS 125.–

Er aber wird gehaucht
Der Heilige Geist in der Gottheit, in der Kirche und den Seelen

Dieses Buch stellt uns in allgemeinverständlicher Sprache die Dritte Person der Heiligsten Dreifaltigkeit dar, sein Wirken in der Kirche und in unseren Seelen. Es soll jetzt die Zeit des Heiligen Geistes kommen, um der Kirche einen neuen Frühling zu schenken. Dieses Buch hilft uns den Heiligen Geist zu entdecken und so weit wir bereit sind, zu lieben. von M.-Therese Isenegger, 288 Seiten, 14x22 cm
Mit kirchlicher Druckerlaubnis *SFR 24.– DM 29.– öS 215.–*

Wir beten zum Heiligen Geist

Eine sehr schöne Gebetssammlung zum Heiligen Geist mit Heilig-Geist-Lieder, Novenen, Rosenkränze, einen Heilig-Geist-Monat und verschiedene Gebete zum Heiligen Geist. Kirchlicher Druckerlaubnis, 304 S., Bibeldruckpapier, Plastikumschlag.
von M.-Th. Isenegger *SFR 22.– DM 27.– öS 195.–*

Die Engel
Unsere himmlischen Helfer

Seit einigen Jahren sind die Engel durch einen aus Kalifornien kommenden Trend - New Age - verblüffenderweise wieder zurückgekommen. Die meisten Veröffentlichungen verbreiten große Irrtümer und sogar alte Häresien. Von da rührt auch die Notwendigkeit dieses Buches, der sich auf die Lehre der katholischen Kirche stützt. Anne Bernet arbeitet alles, was die Theologie über die Engel sagt, klar heraus. Im Anschluß daran befaßt sie sich mit drei Engeln: Michael, Gabriel, Raphael; schließlich stellt sie Überlegungen zu dem Schutzengel - und zu den abgefallenen, sich auflehnenden Engeln - den Dämonen - an.

von A. Bernet, 448 Seiten, 14x22 cm   *SFR 32.- DM 39.- öS 290.-*

Die Engel
Geheimarmee des Himmel

Es ist eine Glaubenswahrheit, daß es Engel gibt, persönliche, unsterbliche Geschöpfe der unsichtbaren Welt. Als Gottes Boten in unserer Welt sind sie den Menschen zu Diensten, um sie auf den Weg des Heils zu führen. Und wie wunderbar, jeder Mensch, ohne Ausnahme, hat seinen eigenen Schutzengel! Am Vorabend des 3. Jahrtausends werden die Menschen sich der Engel mehr denn je bewußt. Was hat dieses Zeichen der Zeit zu bedeuten? Ihre Wiederkehr mit Macht führt zu seltsamen Einbildungen und überspannten Formen der Darstellung. Wie kann man sich da zurechtfinden? Diese Fragen beantwortet René Lejeune. Im 2. Teil hat der Verfasser Gebete, Litaneien und eine Novene zu Ehren der Engel zusammengestellt.   von René Lejeune, 144 Seiten, 11x17 cm

SFR 12.- DM 14.- öS 100.-

Der Leib
Tempel der Schönheit

Jo Croissant ist die Ehefrau von Bruder Ephraïm. In ihrem Buch, das in 7 Grundkapiteln gegliedert ist, preist sie die Schönheit des Leibes, der nach Paulus «ein Tempel des Heiligen Geistes» ist. Es ist die Frucht einer aus dem Gemeinschaftsleben erwachsenen Erfahrung und richtet sich an alle, die tiefer in die Gotteserkenntnis und Selbsterkenntnis eindringen möchten. Fundiert auf biblische Stellen, gibt sie eine Anleitung für Gruppenarbeiten in 8 Übungsbeschreibungen, umrahmt von Zeugnissen und Gebeten. Für die immer größer werdenden Kreise, die im Tanz den Lobpreis zum Ausdruck bringen wollen, ist dieses Buch eine notwendige Hilfe.

von Jo Croissant, 240 Seiten, 14x22 cm   *SFR 24.- DM 29.- öS 215.-*

Die Seligpreisungen
Unsere Berufung zum Glück

Die Bergpredigt ist die «Antrittsrede» Jesu, sein, auch unser Programm. Bruder Ephraïm, Ständiger Diakon, nennt sie unsere «Berufung zum Glück». In 11 Kapiteln mit einem Anhang über die Makarismen (Seligpreisungen) betracht er die acht Seligpreisungen; in 3 weiteren stellt er die Seligpreisungen Mariens, die Seligpreisungen des hl. Josef und die göttliche Schau dar. Den Text der Seligpreisungen aus Mathäus verbindet er mit Stellen aus dem Alten und Neuen Testament und macht so den Stellenwert dieser Bergpredigt in der Lehre des Christentums deutlich. Es ist ein bezauberndes Buch, voller Spiritualität. Wer die Lehre Jesu lebendig darstellen will, muß die Seligpreisungen von Bruder Ephraïm betend studieren.
von Ephraïm, 160 Seiten, 14x22 cm   *SFR 20.– DM 24.– öS 180.–*

Das Sakrament der Versöhnung
Das Wunder der Liebe

Warum und wie soll nun die persönliche Versöhnung gelebt werden? Möchten wir bei der Lektüre dieses Buches wieder das Verlangen verspüren, zur Beichte zu gehen. Hier gibt uns Pater Marin sehr praktische Ratschläge, mit deren Hilfe wir «die Verzeihung und den Frieden» zu finden vermögen.   von Pater Jacques Marin
224 Seiten, 13x20 cm   *SFR 21.– DM 26.– öS 185.–*

Eine bessere Welt ist möglich
Die Probleme dieser Zeit im Licht des Evangeliums

Die Globalisierung, die Firmenfusionen, die Abgötterei übermässigen Konsums und die Profitgier wirken sich auf den ganzen Planeten Erde aus. Falls sie nicht unter Kontrolle stehen, werden sie unsere Zivilisation zerstören.

Dieses Buch fällt ein strenges aber nüchternes Urteil über das Funktionieren unserer Gesellschaft. Es macht uns aber auch auf die Mittel aufmerksam, über die wir zu ihrer Bekämpfung verfügen, insbesondere auf das Evangelium und die Lehre der Kirche.

«Der Autor hat das Elend der Welt gesehen und stößt einen Schrei der Empörung aus. Er ist ein Christ, der Bescheid weiß, aber nicht verurteilen, sondern Zeugnis ablegen will. Kurz, das Werk von Marcel Farine ist ein wertvoller Beitrag zur Vorbereitung des Jubiläumsjahres 2000, das Johannes Paul II. unter das Zeichen der «Zivilisation der Liebe» gestellt hat.»
(Auszug aus dem Vorwort: P. de Laubier, Professor der Soziologie in Genf)
von Marcel Farine, 192 Seiten, 14,5x22 cm   *SFR 20.– DM 24.– öS 180.–*